南开法律评论

NANKAI LAW REVIEW

第十二辑

《南开法律评论》编辑部◇编

中国检察出版社

图书在版编目（CIP）数据

南开法律评论. 第十二辑/《南开法律评论》编辑部编. —北京：中国检察出版社，2018. 4

ISBN 978 - 7 - 5102 - 2087 - 6

Ⅰ. ①南… Ⅱ. ①南… Ⅲ. ①法律 - 文集 Ⅳ. ①D9 - 53

中国版本图书馆 CIP 数据核字（2018）第 058156 号

南开法律评论　第十二辑

《南开法律评论》编辑部　编

出版发行：中国检察出版社
社　　址：北京市石景山区香山南路 109 号（100144）
网　　址：中国检察出版社（www. zgjccbs. com）
编辑电话：(010)86423753
发行电话：(010)86423726　86423727　86423728
(010)86423730　68650016
经　　销：新华书店
印　　刷：北京中石油彩色印刷有限责任公司
开　　本：710 mm×960 mm　16 开
印　　张：9
字　　数：158 千字
版　　次：2018 年 4 月第一版　2018 年 4 月第一次印刷
书　　号：ISBN 978 - 7 - 5102 - 2087 - 6
定　　价：28. 00 元

《南开法律评论》编委会

目 录

加拿大《魁北克民法典》的变迁及启示*

刘艺工**

摘　要： 加拿大和中国都是世界大国，两国地大物博，民族众多，国情具有一定的相似性。因此，一定程度上，两国的法制建设经验可以相互借鉴。《魁北克民法典》是大陆法系民法典中很有特色的一部法典，它不仅继承了大陆法系中法国等国的民法传统，而且吸收了英美法系国家的民事法律制度的经验。中国目前正在制定具有自身特色的民法典，在全球化时代，中国民法典的制定既要立足于本土固有法和大陆法系的传统，又需要借鉴英美法系的法制建设经验，因此，魁北克的民事立法对我国制定民法典有一定的参考价值。文章首先讨论了加拿大的法律传统，继而探讨了《魁北克民法典》的变迁及特点，最后论述了《魁北克民法典》对我国制定民法典的启示。

关键词： 法律传统　魁北克民法典　法律变迁

一、加拿大的法律传统

加拿大和中国都是世界大国，两国的国情具有一定的相似性，如国土面积辽阔，民族众多，地理和文化具有多样性。因此，两国的部分法制建设经验可以相互借鉴。加拿大地处北美，国土面积居世界第二位，中国地处东亚，国土

---

* 本文为国家社科重大项目《民法精神与建设社会主义法治文化民本模式研究》（14ZDC022）阶段性成果。

** 刘艺工，大连理工大学法律系教授。

面积居世界第三位。加拿大与中国一样也是一个多民族的国家，加拿大有 150 多个民族，而中国有 56 个民族。但加拿大地广人稀，人口只有约 3000 万人，与中国重庆市的人口相当，而中国有 13 亿人。

今天加拿大法律制度的形成主要依赖于三种法律传统：英美法系、大陆法系和本土的印第安法。加拿大最初是印第安人和因纽特人的居住地，16 世纪后成为法国和英国殖民地，英国人和法国人成为现代加拿大国家的主要创始民族。加拿大的法律制度主要是以英国的普通法为基础发展起来的。在加拿大的 10 个省中，有 9 个省的法律制度受到英国法的影响，属于普通法系。

英国法对加拿大的法律制度影响很大。“英国法律传统的影响在我们制度中的许多方面都能让人感觉得到，英国传统是我们的制度得以运作的许多程序和观念的基础。”① 加拿大大法官拉斯金曾经指出：“二百多年前，英国法和英国的法律制度就已经根植于这个当时还尚未诞生的加拿大国家之中了。英国传统首先是通过威斯敏斯特的遥控和对殖民地总督的国内控制而得以保存，继而在加拿大立法和司法独立过程中又得以存活，现在仍然在加拿大法中保持着普遍的活力。”②

加拿大魁北克省的法律制度比较复杂，严格说来，魁北克省的法律制度是一种混合型的制度。魁北克的私法受到法国法律的影响，属于大陆法系，具有大陆法系的特征；其公法（如宪法、刑法、行政法）又受到英国法的较大影响，属于英美法系。“魁北克省是一个明显的例外。事实上，该省使用混合法制。其公法来源于普通法，而其私法（民法）则植根于罗马—日耳曼法。这种特殊性是北美殖民地的历史造成的，北美长期以来由当时的两大霸权国家：英国和法国相互争夺所有权和统治权。英法两国的法制被带到了美洲，并沿续下来，现在共存于魁北克。”③

印第安人是加拿大的原住民，在欧洲白人到达美洲大陆以前，他们已经在北美大陆生活了上万年。印第安法律传统在今天加拿大的印第安人社区仍然作为习惯法存在，加拿大法院在处理印第安人之间法律纠纷以及印第安人与其他民族产生法律纠纷时仍然会予以考虑。

---

① Gerald Gall，The Canadian Legal System，Carswell，2004，p. 56.

② Gerald Gall，The Canadian Legal System，Carswell，2004，p. 56.

③ 《加拿大法律制度》，刘艺工、杨士虎译，兰州大学出版社 1997 年版，第 157 页。

二、《魁北克民法典》的变迁及特点

《魁北克民法典》很有特色，它不仅继承了法国民法的传统，也吸收了英美法系民事法律的经验。

（一）1866 年《下加拿大民法典》的制定

魁北克位于加拿大东部，是加拿大第一大省，也是法兰西文化保留最多的省份。魁北克省面积 150 万平方公里，约为法国面积的 3 倍，人口 800 万人，特殊的历史传统和人口特征导致了魁北克省的私法制度具有独特的大陆法系特色。魁北克省的法律制度因其特有的法国民法传统，而与其他省有很大不同。

魁北克的民商法传统可以追溯到“新法兰西”时期（1608 – 1763 年）。1608 年，法国殖民者在加拿大建立新法兰西殖民地，随着殖民者的纷纷到来，法国的民商法制度也被带到了加拿大。1664 年法国国王宣布西印度公司（la compagnie des Indes occidentales）成立，新法兰西开始通行“巴黎领地审判条例”，这一习惯法共有 16 项 362 条，大部分是民事方面的法律规范，内容包括货物和财产、婚姻关系、遗赠、房地产、诉讼时效、判决的执行等方面。新法兰西的司法制度尚不完备，律师不许在殖民地执业，大多数纠纷是由当地公证人或当地教区神父通过调解和仲裁的方式解决的。[①]

1760 年法国在英法“七年战争”中战败，新法兰西被英国占领。在英国统治加拿大的初期，实行军事管制，在刑法上主要使用军事法规，在民法上则继续使用法国法。1763 年英国政府颁布了《皇室公告》，规定废除新法兰西原有的以法国民法为基础的法律制度，全面推行英国代议制和法律制度。

为了防止魁北克在北美独立战争中倒向美国，1774 年英国政府采取怀柔政策，颁布了《魁北克法案》，废止了以前的《皇室公告》，恢复了魁北克原有的法国民法传统，但同时规定在刑法上继续沿用英国法。《魁北克法案》使魁北克原有的语言、社会制度以及以法国民法为基础的法律制度得以保留，使大陆法系民法在加拿大得以延续，也使加拿大形成了一国之内两大法系并存的特色。

加拿大于 1867 年建立联邦，但是在联邦建立的 10 年前，加拿大魁北克的地区为了更好地继承法国民法传统，提出要用法典的形式把魁北克传统的民法

---

① http：//www. justice4you. org/quebec_ civil_ code. php，最后访问日期为 2017 年 7 月 20 日。

保留下来。因此，1857 年魁北克法学者提出制定民法典，经过 10 年时间，民法典终于制定下来，这样在加拿大联邦宣布成立的同时，《魁北克民法典》也公布了。

1857 年 6 月由乔治·卡地埃提交的名为“为下加拿大（魁北克）有关立法和民事诉讼法制定法典所提交的方案”获得通过。这法案的基本目标是：借鉴法国立法经验，重构魁北克的民法制度，制定魁北克民法典和民事诉讼法。经过法典编纂委员会和法学家的一致努力，终于 1865 年完成了民法典的编纂，这部法典被称为《下加拿大民法典》（*Civil Code of Lower Canada*, *Code civil du Bas – Canada*），法典于 1866 年 8 月公布实施，加拿大学者认为“该法典构成了今日魁北克法律制度的重要基础”。1867 年 6 月，魁北克又完成了《民事诉讼法》的修订并公布实施。这两部法典的颁布，是魁北克私法发展的重大转折，它消除了魁北克民法延续所面临的不断威胁，使魁北克的民法传统得以延续和发展，并使其私法更明显地呈现出欧洲大陆法的特征。

1866 年 8 月实施的《下加拿大民法典》由前言和四编内容组成。第一编是关于人和家庭的法律，第二编是有关物和财产权的法律，第三编是有关财产权取得和转移的法律，第四编是商法。法典每编有若干章节，共 2615 条。该法典的内容、编排体例以及风格都同《法国民法典》十分类似，但也有不同。如魁北克实行民商合一，《下加拿大民法典》将商法作为一编列入民法典；而法国则实行民商分立，《法国民法典》与《法国商法典》是两部独立的法典。另外，《下加拿大民法典》保留着较多法国大革命前的习惯法，法国大革命对《下加拿大民法典》的影响在《下加拿大民法典》中并未完全体现出来。

19 世纪的魁北克是一个农业和乡村社会，罗马天主教教会在社会生活中发挥着重要的作用。尽管像蒙特利尔和三河镇这样的商业中心，在此期间蓬勃发展，但魁北克社会基本上是一个以家庭为核心的农业社会。因此，《下加拿大民法典》很大程度上是这种社会状况的反映。①

这部法典的基本特征是“专制主义、个人主义和自由主义”。专制主义体现在家庭法上，个人主义体现在财产法上，自由主义体现在协议之债上。在家庭法上，规定妻要顺从其夫，夫要保护其妻，完全无夫妻平等可言。宗教婚姻仪式被定为结婚的唯一合法方式。在财产法上，保护私人财产尤其是不动产，确保个人的自由，保护个人的利益，不要求此等利益尊重集体、社会、家庭的利益或更高的利益。在债法上，实行完全的主观价值论和理性人假说，基本维持显失公平的法律行为的效力。这些特征导致《下加拿大民法典》很快会与

① Gerald Gall, The Canadian Legal System, Carswell, 2004, p. 269.

时代脱节。①

1866年8月实施的《下加拿大民法典》的前三编，即人法、物权以及物权的取得与1804年的《法国民法典》在组织结构上几乎完全一致，② 但第四编“商法”是魁北克立法者自己的创造。③ 魁北克采用民商合一制，商法被列为民法典的一编，即最后一编第四编。魁北克商法不是一个完整的体系，仅在部分商法领域有管辖权。在加拿大，商法的一些重要领域，如银行法、票据法、海商法、保险法、破产法以及知识产权方面的专利法、商标法、版权法等的立法权都在联邦，魁北克无权单独立法。因此，在这些领域，魁北克省与其他普通法省一样都受联邦立法的管辖。而魁北克省法律管辖的商法领域权限仅在货物买卖、租赁、委托、合伙等方面。④ 1866年8月实施的《下加拿大民法典》不仅移植了法国民法典，而且保留了来自的英国的习惯法，特别是在商业法，证据法和自由意志原则等方面。⑤

（二）1866年《下加拿大民法典》的特点

1. 与法国民法有着密切的联系

《下加拿大民法典》的突出特点是保留着较多法国民法的特征。魁北克的民法起源于法国，自17世纪法属北美殖民地新法兰西建立以来，魁北克长期沿用法国习惯法，如巴黎习惯法。1866年加拿大联邦成立前夕，魁北克对其原有的民法制度进行了较大的改革，它仿照1804年《法国民法典》，制定了《下加拿大民法典》。因此，在魁北克私法中，法国法的特征是显而易见的。但是我们也不能就此认为，魁北克的民法制度可以等同于法国的民法制度。魁北克的民法虽然起源于法国，但与法国民法仍有一定的区别。譬如：第一，在新法兰西时期，魁北克一直使用巴黎习惯法，而巴黎习惯法仅是通行于法国某一地区或局部的法律制度，并不代表法国其他地区的法律制度。第二，在英属加拿大时期，魁北克继续沿用古老的法国习惯法，而此时的法国已对传统的习惯法进行了改革，并制定了通行全国的《法国民法典》。第三，在加拿大联邦成立前夕，魁北克制定了民法典。该法典在结构、体系、风格、内容上都与《法国民法典》有许多类似。但魁北克的民法典既未体现出法国大革命对古老习惯法的影响，也未反映出《法国民法典》在成文法地区与普通法地区的不

---

① 《魁北克民法典》，孙建江等译，中国人民大学出版社2005年版，见导读第8页。

② Gerald Gall, The Canadian Legal System, Carswell, 2004, p. 271.

③ 《魁北克民法典》，孙建江等译，中国人民大学出版社2005年版，见导读第10页。

④ 刘艺工：《试论魁北克民法典》，载《法国研究》1997年第2期。

⑤ 刘艺工：《试论魁北克民法典》，载《法国研究》1997年第2期。

同传统之间所达成的妥协。

2. 受到英美普通法的影响和冲击

由于魁北克地处北美，其周围都是通行普通法的地区，而魁北克又长期采用英国式的政治制度（如议会制、责任政府、司法制度），因而难以抵挡普通法的强大冲击和影响。20 世纪 60 年代，魁北克对其民法制度进行了大规模的改革，这一改革除了参考欧洲大陆法系国家的法制外，还吸收和借鉴了英国、美国以及加拿大普通法省的立法经验。普通法对魁北克民法的影响还可以从《下加拿大民法典》本身看得出来。其第 1206 条明确规定在商事领域要参照英国法，第 1234 条有关证言的规定也是直接来自英国普通法。此外，法典第 1204 条、1205 条、1220 条、1226 条、1235 条的规定也都与英国法有关。

3. 民法典中的商法具有独特性

魁北克商法的独特性主要表现在两个方面。第一，背离了法国法的模式。魁北克采用民商合一制，将商法作为一编列入民法典内，商法由民法典的普通条款规定，没有单独的商法典。而法国则实行民商分立制，民法和商法由不同的法典规定，民法典和商法典是分别独立的。第二，管辖范围有限。魁北克商法不是一个完整的体系，仅在部分商法领域有管辖权，如货物买卖、租赁、委托办理、合伙等。由于魁北克地处北美，其社会和经济状况具有明显的北美特征，因此在商法领域受英美商法影响很深，例如，在公司法、证券法、消费者权益保护法等领域，魁北克商法都深受加拿大普通法省商法和美国商法的影响。

（三）魁北克民法典的变迁

严格说来，魁北克的法律制度并不完全属于大陆法系，其私法起源于法国法，但是其公法渊源于英国法，“今天魁北克的法律制度实际上是一种混合型的法律制度”。[①] 随着时代和社会发展，魁北克的私法产生了不少变化。由于地处北美，其周围都是通行普通法的地区，因而难以抵挡普通法的强大冲击。为了适应北美社会的发展，魁北克也不得不调整其法律制度，吸收和借鉴某些普通法的原则和精神，以满足社会发展的需要。如 20 世纪 60 年代的民法改革，就是主要借鉴了英、美以及加拿大普通法省的立法经验。此外，由于魁北克的商法在历史上不够发达，管辖的领域少，而且难以适应北美社会的需要，因此，即使在魁北克管辖的领域，也受到了普通法的强烈影响。

---

① 刘艺工：《试论魁北克法律制度的演变》，载《法国研究》1996 年第 2 期。

考虑到《下加拿大民法典》不能够很好地满足魁北克社会经济发展的需要，1955年，在其颁布将近一百周年之际，魁北克政府设立民法修订办公室，着手进行民法典的修订与改革。魁北克国民公会提出的改革目标是：第一，解决理论上或司法上对民法典解释的矛盾；第二，整合民法典之外的规章性立法到民法典中，这也是重订法典的中心工作；第三，根据经验和比较法的教训，对19世纪指导制定民法典的理由和立法政策进行批判性的思考。①

经过民法学者的多年努力，1978年终于将民法典草案提交魁北克国民议会讨论。法典草案在立法理念上突出了人权、自由、宪政，在婚姻家庭法方面进行了较大的修改。魁北克国民公会于1980年颁布《魁北克民法典关于家庭法的第二编》，于次年的4月2日生效。然后继续进行其他各编的重订。1987年，议会通过了新民法典的三编，它们分别涉及人、财产和继承。为了保持一致性，议会决定把它们推迟到其余部分修订完毕后再生效。1990年12月18日，提出了新民法典的整体草案。1991年12月18日，该草案被国民公会通过，于1994年1月1日生效。②

1994年生效的《魁北克民法典》(*Civil Code of Quebec*，*Code civil du Québec*)，取代了1865年颁布、1866年8月实施的《下加拿大民法典》。现行的《魁北克民法典》已经从原来的四编扩展为十编，依次为：“人”“家庭”“继承”“财产”“债”“优先权和抵押权”“证据”“时效”“权利公示”和“国际私法”。有趣的是，魁北克新民法典不再包括商法，而将“国际私法”纳入民法典。与1977年的草案相比较，1994年生效的《魁北克民法典》增加了优先权和抵押权、证据、时效、权利的公示和国际私法等内容。

《魁北克民法典》和《下加拿大民法典》一样，贯彻了民商合一的原则，但由于一些属于民商法领域（如知识产权法、婚姻家庭法的某些方面）的立法权在加拿大联邦，因此，《魁北克民法典》与其他大陆法系的民法典相比显得内容缺失并且支离破碎。另外，由于《魁北克民法典》受到了欧盟关于产品责任的指令、美国《统一商法典》《国际商事合同通则》等的影响，以及魁北克所属的加拿大加入了《北美自由贸易协定》，因此，在《魁北克民法典》中既包含大量大陆法的因素，也包含了一些英美法的因素，是一部“混合法”。

与《下加拿大民法典》相比，《魁北克民法典》更加注重对人权的保护，新民法典强调要遵守1982年《加拿大人权和自由宪章》的基本精神，突出了对公民隐私权、人格权和弱势群体的保护。《魁北克民法典》第1条规定：

① 《魁北克民法典》，孙建江等译，中国人民大学出版社2005年版，见导读第11页。

② 《魁北克民法典》，孙建江等译，中国人民大学出版社2005年版，见导读第12页。

"任何人均拥有法律人格，充分享有民事权利。"第3条规定："任何人均为人格权的享有者，诸如生命权、人身不可侵犯和完整权、姓名、名誉和私生活受尊重权。"这些规定突出了人在民法上的优先地位和人权保障的重要性。有学者指出，魁北克民法典改革的特征是对人的关心超过了对财产的保护，这来源于"承认人的地位，连同确认和保护人的尊严作为私法关系的基石的愿望"。①

同时，魁北克作为加拿大联邦的组成部分，民法典还强调要与加拿大联邦法律保持和谐一致。

三、《魁北克民法典》对我国制定民法典的启示

第一，制定民法典应关注对本国民法传统的继承与保护。

不同的民族有不同的文化传统和民法传统，民法是民族精神的体现。19世纪时，德国的萨维尼反对以自然法为基础制定的《法国民法典》和在德国制定统一的法典。他指出，"法律只能是土生土长和几乎是盲目地发展，不能通过正式理性的立法手段来创建"。"一个民族的法律制度，像艺术和音乐一样，都是他们的文化的自然体现，不能从外部强加给他们"。又说："法律如同语言一样，没有绝对停息的时候，它同其他的民族意识一样，总是在运动和发展中。"② 萨维尼指出，法律是民族精神的表现，是从国民的"法律信念"中产生出来的，所以不能希望通过制定一部法典，以求统一民族的法律。

在加拿大，1763年英法"七年战争"结束，法国战败。在英国统治加拿大初期，推行民族同化政策，曾经一度废除魁北克地区法国民法传统，这遭到了魁北克法裔居民的顽强抵抗。经过法裔居民的不懈努力，魁北克的法国民法传统得以保留，从而形成了一个国家、两种制度的法律传统。

当下，我们在制定民法典的过程中，不能照搬照抄其他国家的法律，而应该关注中国自身的法律文化传统，并且将优秀的民事法律文化传统继承和发扬下去。西方民法和法治发展的基础和土壤与古希腊的民主政治、古罗马的法制、中世纪的基督教以及近代以来形成的高度自治的市民社会密切相关，而中国不具备这样的传统和土壤。所以，如果盲目移植西方的法制就可能带来水土不服和南橘北枳的局面。而我们关注中国自身的法律文化传统不仅要关注中国古代的民法传统，还应该关注近代以来形成的新的民法传统，应该认真总结清末以来中国在民事立法方面的经验教训，包括清末、民国和20世纪50年代中

① 《魁北克民法典》，孙建江等译，中国人民大学出版社2005年版，见导读第36页。

② 张宏生主编：《西方法律思想史》，北京大学出版社1983年版，第369页。

国民事立法方面的尝试。

第二，制定民法典应与时俱进，兼收并蓄，以开放的心态大胆吸收和借鉴其他国家和地区的民事立法经验。

中国古代商品经济不发达，中国传统的民法文化是基于农耕文明的，无法满足现代市场经济发展的需要。因此，只继承中国传统的民法文化是不够的，还需要大胆吸收和借鉴其他国家和地区的民事立法经验。我们既可以借鉴大陆法系的法制经验，也可以借鉴英美法系的法制经验。借鉴大陆法系的经验，既可以借鉴传统的法国、德国的经验，也可以借鉴东亚日本、韩国、中国台湾地区的经验。同时，也可以考虑借鉴英美法系的经验。加拿大魁北克地区的民事立法就借鉴了加拿大其他普通法省、英国和美国的经验，例如，借鉴英国信托法，参考美国《路易斯安那民法典》，从而使魁北克地区的法制更加适合本地区社会经济发展的需要。

实际上，英美法系国家虽然没有全国通行的民法典，但其民事法律制度依然发达。比如，英美法系国家的财产法、合同法、家庭法、侵权法等并不逊色于大陆法系。英美法系国家的民事法律制度主要是通过判例法表现出来的，判例法起源于习惯和习惯法，而习惯和习惯法又与本民族的法律文化传统密切相关。

第三，民法应符合宪法的基本精神，注重人权保护。

马克思曾经有一句名言："法典就是人民自由的圣经。"制定法典的目的不是为了限制人民的自由，而是为了更好地保障人民的自由。同时，自由不是绝对的，不能有超越法律之上的自由。魁北克新民法典强调要遵守 1982 年《加拿大人权和自由宪章》的基本精神，突出了对公民隐私权、人格权和弱势群体的保护和人文关怀。宪法确立了很多原则性的规定，民法则是将这些原则付诸实践。因此，中国在制定民法典的时候，应该关注宪法的基本精神，并努力将宪法确立的基本精神融入到民法典的制定中。

四、小结

目前，中国民法典的制定正在积极推进之中。为了制定面向 21 世纪世界领先的民法典，我们既要立足于我们本民族的法律文化传统，对自己的传统法律文化的精华予以很好的升华与提炼。同时，又不能固步自封，而要以开放的心态，积极吸收世界各国民事立法的成功经验。中国制定民法典不仅可以借鉴大陆法系制定民法典的经验，也可以借鉴英美法中优良民事立法和民事判例制度。另外，我们要特别关注中国民法典的近代化过程，认真考察清末时期的民事立法、中华民国时期民法典的制定和颁布的情况以及20世纪50年代中国借鉴苏联的法制建设经验的情况。只有认真总结历史经验，在此基础上推陈出新，我们才能制定出既具有时代特色又领先于世界的优秀民法典。

（责编：冷慧　审校：王果）

论我国饲养动物损害责任之重构

——以法经济学为视角

余小伟*

【内容摘要】 我国饲养动物损害责任原则上是无过错责任，但对违反行政法律法规者课加绝对责任，以及对动物园课加过错推定责任，则成为了比较法上的孤例。法学界对这种规范模式提出诸多正当化理由，然似欠缺足够说服力。侵权法的经济分析为侵权责任之设计，提供了一套完整的说理方法与分析框架。从事故成本最小化的角度出发，原则上应当对动物保有人（包括动物园）课加无过错责任，并附加受害人故意或重大过失之抗辩事由；但不宜对用益性动物保有人课加无过错责任。

【关键词】 饲养动物损害责任　归责原则　抗辩事由　法经济学

一、问题之提出

在饲养动物损害责任领域，我国法律经历了从单一过错责任到单一无过错责任再到混合责任的三个阶段。第一阶段为民法通则制定之前，司法实践采单一过错责任。最高人民法院在 1982 年的《关于李桂英诉孙桂清鸡啄眼赔偿一案的函复》与 1984 年的《关于贯彻执行民事政策法律若干问题的意见》中，均肯定饲养动物损害责任为过错责任。第二阶段为民法通则出台之后到侵权责

* 余小伟，荷兰马斯特里赫特大学法学院博士后研究员。

任法颁行之前。《民法通则》[①] 第127条规定："饲养的动物造成他人损害的，动物饲养人或者管理人应当承担民事责任；由于受害人的过错造成损害的，动物饲养人或者管理人不承担民事责任；由于第三人的过错造成损害的，第三人应当承担民事责任。"尽管有部分学者认为第127条是过错推定责任，[②] 但通说认为是无过错责任。[③] 依据通说，动物饲养人或者管理人（以下合称"动物保有人"）原则上对动物造成他人损害承担赔偿责任，除非他们能够证明存在受害人过错或第三人过错的免责事由。第三阶段为2010年之后，饲养动物损害责任适用《侵权责任法》第十章（"饲养动物损害责任"），这是一个无过错责任、绝对责任与过错推定责任相混合的归责模式。

我国民法向来受大陆法系影响比较大，在饲养动物损害责任领域，《侵权责任法》基本遵循了大陆法系的主流观点，[④] 但亦有个性。与之相似者，《侵权责任法》第78条原则上对动物保有人课加了无过错责任。但第78条只规定了极其有限的抗辩事由，即只有在被侵权人故意或者重大过失时，被告的责任才能得到相应的免除或者减轻。另外，《侵权责任法》与欧陆主流观点尚有两点显著不同：其一，在动物保有人违反有关动物饲养的行政管理性或禁止性规范时，第79条、第80条对违法者课以绝对责任，即排除任何抗辩事由的严格责任。[⑤] 其二，第81条对动物园的动物保有人课加了过错推定责任。这些极具个性的不同规定，使得我国当前的饲养动物损害责任在比较法上成为了"孤例"。[⑥]

对于同一种侵权责任类型，为什么我国法律在归责原则的选择上经历了这样一个激烈变革的过程？这种变革背后的理由是什么？是否合理？本文旨在对饲养动物损害责任的学理基础予以评价，并提出修法建议。在方法上，本文将采纳法经济学（law and economics）之分析路径，旨在提供一种新的分析框架。

---

① 已被2017年10月1日起施行的《民法总则》替代。

② 参见周元伯主编：《〈中华人民共和国民法通则〉释义》，南京大学出版社1986年版，第66页。

③ 参见龙斯荣、龙翼飞：《中华人民共和国民法通则释义》，吉林人民出版社1987年版，第302页。

④ 例如，2009年欧洲民法典起草小组公布《欧洲私法的原则、定义与模范规则：共同参考框架草案》，其第六卷标题为"造成他人损害的非合同责任"，并于第VI－3：第203条规定动物保有人之无过错责任。参见［英］克莱夫、［德］巴尔主编：《欧洲私法的原则、定义与示范规则：欧洲示范民法典草案：全译本第5卷、第6卷、第7卷》，王文胜、唐超、李昊译，法律出版社2014年版。

⑤ 参见王崇华：《再议饲养动物损害责任的归责原则》，载《法学论坛》2013年第4期。

⑥ 参见王竹：《比较法孤例：饲养动物致害的三个无过错责任条款》，载《中国社会科学报》2010年版。

二、对当前学界既有观点之反思

（一）对动物保有人课加无过错责任或绝对责任的理由

经归纳，我国法学界所提出的理由大致有六种，以下一一加以评析：

理由一：动物具有致害危险性，须课加无过错责任进行威慑。① 由于违反行政管理性或禁止性规范，从而未对动物采取安全措施或饲养烈性犬的，导致这些动物的危险性更加巨大，因此，被告承担绝对责任而不得援引任何抗辩事由。② 通过法律责任对危险活动进行限制，以保障公民之人身、财产安全，原则上无可厚非，笔者亦在宏观上赞同这一观点。但仍待厘清之处有三点：其一，是否所有的动物都具有危险性？或者说，是否所有动物的危险程度皆是相同的？有学者否定动物具有危险性，认为“人类生活领域处处充满风险，饲养动物在当代社会所能带给人类的危险真是微乎其微”。③ 其二，为何对动物保有人必须适用无过错责任？如果动物保有人已尽到了必要的注意义务，为何还要让其承担责任？其他许多具有危险性的活动（例如，诊疗活动、机动车之间的交通运输活动等），却以过错为归责基础。此外，饲养猛虎野兽的动物园，为何不承担无过错责任？其三，关于侵权责任的威慑力，过错责任与无过错责任究竟有何区别？有学者甚至否认侵权法的威慑力，认为“城市生活中的动物安全问题更多需要依靠行政手段，通过社会管理的方式解决”。④ 侵权责任是否具有威慑力？若无威慑力，则不应当由侵权法来调整动物致害问题。以上问题都亟待更清晰的回答。

理由二：强化对受害人的保护。⑤ 侵权法旨在受害人保护，同时亦应维护人的行为自由。《侵权责任法》通过第 6 条与第 7 条，明确了过错责任、过错推定与无过错责任三种责任模式，当然都是以受害人保护为目标的。我们没有理由认为过错责任就不能保护受害人利益。如果需要通过减少对过错要件的证

---

① 参见李适时：《全国人民代表大会法律委员会关于〈中华人民共和国侵权责任法（草案）〉主要问题的汇报——2008 年 12 月 22 日在第十一届全国人民代表大会常务委员会第六次会议上》，载《中华人民共和国全国人民代表大会常务委员会公报》2010 年第 1 期；杨立新：《饲养动物损害责任一般条款的理解与适用》，载《法学》2013 年第 7 期。

② 参见杨立新：《饲养动物损害责任一般条款的理解与适用》，载《法学》2013 年第 7 期。

③ 参见王崇华：《再议饲养动物损害责任的归责原则》，载《法学论坛》2013 年第 4 期。

④ 参见王崇华：《再议饲养动物损害责任的归责原则》，载《法学论坛》2013 年第 4 期。

⑤ 参见周友军：《我国动物致害责任的解释论》，载《政治与法律》2010 年第 5 期。

明来加强对受害人的保护，背后之理由为何？饲养动物损害案件中的受害人，为何能获得比其他一般侵权案件中的受害人更多的保护？

理由三：符合比较法上的潮流。[①] 广泛接受的一种事物未必就一定是合理的或正确的。例如，欧洲历史上流行 2000 年之久的“放血疗法”后来被证明不仅是无效的，而且还是有害的。[②] 单以“比较法上的潮流”作为无过错责任的正当化理由，难免陷入人云亦云的境地。重要不是比较法上是怎么做的，而是为何这么做，背后的理由是否合理。况且，若要符合潮流，为何我国立法上的绝对责任与动物园过错推定责任竟成比较法孤例？

理由四：保护公共安全。[③] 法律当然需要维护公共安全，但是，不同的法律部门侧重有所不同。一般而言，公共安全由公法来维护；私人之间的自由与交易安全由私法来维护。《侵权责任法》第 1 条并没有表示以保护公共安全为主要目标。在法律威慑力上，侵权责任的威慑力显然要低于公法责任的威慑力。另外，公法上的规制往往是事前的例行监管，而侵权责任则通常为事后的损害赔偿。从维护公共安全角度讲，对动物保有人及时进行事前的行政管制，或许比事后的侵权责任更有效。另外，即使承认侵权法具有保护公共安全的附带功能，我们也无法断定只有无过错责任才能保护公共安全。显然，《侵权责任法》第 37 条对公共场所管理人所课加的安全保障义务（基于过错责任），也具有保护公共安全的作用。

理由五：直接控制力。[④] 从事故预防的角度讲，当然只能让能够直接控制动物的人承担相应的注意义务。让一个对动物毫无控制力的人承担责任，显然并不能起到事故预防的效果。然而，这只是对动物保有人课加侵权责任（包括过错责任与无过错责任）的理由，并非必须课加无过错责任的理由。

理由六：风险与获益相平衡。[⑤] 笔者并不否认风险与获益相平衡的伦理正当性，但对如何进行合理的平衡，存在质疑。有学者认为：“动物饲养的目的往往不在于‘获利’，饲养动物（特别是家庭饲养）所带给饲养人或管理人的‘利益’，完全不同于产品生产者或是高度危险物管理者所获得的利益。况且，

---

① 参见毛瑞兆：《英美法的动物致害责任》，载《山西大学学报》（哲学社会科学版）2003 年第 3 期。

② 参见宁方刚：《华盛顿之死与放血疗法》，载《南京日报》2015 年 10 月 24 日第 A05 版。

③ 参见王利明：《侵权责任法研究》（下），中国人民大学出版社 2011 年版，第 588－589 页。

④ 参见郜永昌、蒋慧、张忠民：《饲养动物致人损害赔偿责任新探》，载《社会科学家》2006 年第 6 期。

⑤ 参见郜永昌、蒋慧、张忠民：《饲养动物致人损害赔偿责任新探》，载《社会科学家》2006 年第 6 期。

人类的大部分行为都属于趋利避害，很难将所有‘获利’的状态都作为要求其承担无过错责任的理由。”① 这一论点似乎有所夸大，因为农牧主与动物园饲养动物显然都能带来相当可观的经济利益；而且这一论点前后矛盾，前面说饲养动物没什么利益，后面又讲大多数人类行为都会获得利益。但是，我们仍然无法通过风险与获益相平衡理论来解释，为何宠物饲养人与农牧主从动物饲养中获得的利益并不相同，却要承担相同的无过错责任。

（二）对动物园课加过错推定责任之理由

作为比较法上另一显著的“孤例”，《侵权责任法》第 81 条对动物园课加了过错推定责任。为何我国法律对动物园饲养的动物另行对待呢？既有的主要理由是：动物园饲养动物是一种公益性行为，立法必须鼓励其良性发展，因此不宜对动物园课加苛刻的无过错责任。② 动物园的公益性体现在“动物园的动物饲养不仅是为了观赏，而且是为了保持生物多样性、促进珍稀动物的繁衍、维护人与自然的和谐等”。③ 另一理由是：因为已经有相应法律法规对动物园动物的饲养、管理活动作出了严格要求，因此，“与个人散养的动物相比，动物园中被圈养的动物危险性相对较低，动物园的动物导致他人损害的可能性较小”。④

但是《侵权责任法》第 81 条及其背后理由遭到了众多学者的反对。有学者对上述理由进行了直接反驳，并主张对动物园课以无过错责任：首先，许多对社会更有益的活动（例如，民用航空、民用核设施等）都适用了无过错责任，为何对动物园不适用？其次，动物园中饲养的许多是非常危险的动物（例如，大型猫科动物、猛禽等），而动物园游客与动物接触要频繁，“要防止这些危险的动物给公众安全造成损害，动物园应当尽到高度的注意义务，有必要适用无过错责任”。⑤ 另外，动物园是否具有公益性？学界所主张的动物园的公益性究竟体现在何处？是否具有现实的依据？若不能回应上述质疑，则以“公益性”为由来正当化第 81 条似有不足。

（三）小结

同样是面对动物致害案件，我国之规范模式，既有合大陆法系主流观点之

---

① 王崇华：《再议饲养动物损害责任的归责原则》，载《法学论坛》2013 年第 4 期。

② 参见王利明：《侵权责任法研究》（下），中国人民大学出版社 2011 年版，第 590 页。

③ 参见王利明：《侵权责任法研究》（下），中国人民大学出版社 2011 年版，第 606 页。

④ 参见王利明：《侵权责任法研究》（下），中国人民大学出版社 2011 年版，第 606 页。

⑤ 程啸：《侵权责任法》（第 2 版），法律出版社 2015 年版，第 622－623 页。

处，亦有独特个性。同时，在正当性理由方面，我国法学界提出了诸多理由。这些理由有些具有潜在的说服力（如威慑），但不够细致与深入。其他理由则颇受质疑，有待学界进一步完善。笔者下文将从法经济学的视角，对理由一（威慑）作进一步的细化论证，旨在为饲养动物损害责任的学理基础提供一种新的视角。

三、饲养动物损害责任之经济分析——一种新视角

（一）外部性、侵权责任与事故预防

事故损害通常涉及“外部性”之概念。当行为人从事一项活动，影响到交易第三人的福利，而并没有赔偿该第三人或从该第三人处获得赔偿时，即产生外部性（externality）。[①] 该活动减损了第三人之福利（例如，动物饲养活动造成他人损害），其影响称为负外部性（或称外部成本）；若该活动增加了旁观者之福利（例如，农户养蜂助益邻家果树之授粉），其影响称为正外部性。[②] 事故损害通常乃行为人给第三人所带来之负外部性。

经济学家证明，当存在负外部性时，社会边际成本[③]将高于行为人之私人边际成本。若无政府干预，行为人只会考虑私人边际成本，则当其等于边际收益时，私人最优活动水平将高于社会最优活动水平。此时，社会边际成本将高于边际收益，会产生社会福利净损失（deadweight loss），导致市场失灵。[④]

科斯认为，如果交易成本为零，无论法律责任如何设计，资源配置都是最优的，因为负外部性可通过当事人间的谈判予以消除。[⑤] 但在现实生活中，事故双方当事人在事发前往往并无联系，因此事前沟通的交易成本极大，负外部

---

① See N. Gregory Mankiw, *Principles of Economics*, 7th ed., Cengage Learning, 2015, pp. 196 - 198.

② See N. Gregory Mankiw, *Principles of Economics*, 7th ed., Cengage Learning, 2015, pp. 196 - 198.

③ 在经济学中，边际成本（marginal costs）是指每增加生产一单位产品（或提供一单位服务）所带来的总成本的增量。社会边际成本，等于行为人的私人边际成本与其给第三人增加的外部性（外部边际成本）之和。

④ 一个对称的结论是：当存在正外部性时，私人活动水平将低于社会最优值，社会边际收益高于边际成本，社会福利仍有增加的空间而未增加，亦产生无谓损失。See N. Gregory Mankiw, *Principles of Economics*, 7th ed., Cengage Learning, 2015, pp. 196 - 198.

⑤ See Coase, R. H. (1960) 'The Problem of Social Cost', *The Journal of Law and Economics*, 3, pp. 1 - 44.

性很难通过市场机制自发地消除。[①] 此时，政府应介入市场，要求行为人将外部成本予以内部化（internalization）。政府介入的方式多种多样，包括税收、行政管制或侵权责任等。法经济学者普遍认为，侵权法在矫正市场失灵以及事故预防方面，具有重要的社会功能。[②]《侵权责任法》第1条也宣示了侵权法预防侵权行为之重要目标。

对于经济学家而言，事故法的主要功能就是减少首要事故成本（primary accident costs），即预期事故损害与事故预防成本之和。[③] 预期事故损害，即为事故损害大小与事故发生概率之乘积。因此，经济学家特别强调事故法的预防或威慑功能，因为“最好的保护受害者的方法就是首先使事故不要发生”。[④] 为了实现社会福利最大化（通常即为首要事故成本最小化），法律应对行为人课加侵权责任，以产生有效激励，诱导行为人在事前采纳社会最优的预防措施。事故预防，包括对注意水平或活动水平之控制。注意水平指在单次参与某项活动时所尽到注意与谨慎程度；活动水平指参与该活动的总时长或总频率。依预防主体之不同，可将事故区分为单边预防事故与双边预防事故。在前者，只有加害人之行为影响事故风险；在后者，双方当事人之行为都会影响事故风险。[⑤] 动物致害事件是典型的双边预防事故。

此外还有所谓次要事故成本（secondary accident costs）的概念，即指受害人在事故发生后所遭受的社会上与经济上困窘所带来的社会成本，尤其在没有任何机制将这些成本予以分散时。为了减少次要事故成本，往往要求将损害尽可能在社会上予以分散（loss spreading），或将损害转嫁给财力雄厚者（deep pocket）承担。[⑥]

事故处理机制的运行，是需要耗费社会成本的，即所谓第三位事故成本（tertiary accident costs）或行政成本（administrative costs）。首要或次要事故成本减少之目标，必须受制于行政成本的考量，因为为了减少首要或次要事故成

---

① See Demsetz, H. (1972) ‘When Does the Rule of Liability Matter?’, *The Journal of Legal Studies*, 1 (1), pp. 13 – 28.

② See Robert Cooter & Thomas Ulen, *Law & Economics*, 6th ed., Addison – Wesley, pp. 38 – 42.

③ See Guido Calabresi, *The Costs of Accidents: A Legal and Economic Analysis*, Yale University Press, 1970, p. 26.

④ Faure Michael, ‘Economic Observations Concerning Optimal Prevention and Compensation of Damage Caused by Medical Malpractice’, in Dute Jos, Faure Michael G. & Koziol Helmut eds., *No – Fault Compensation in the Health Care Sector*, SpringerWienNewYork, 2004, p. 7.

⑤ See Shavell Steven, *Economic Analysis of Accident Law*, Harvard University Press, 1987, pp. 4 – 46.

⑥ See Calabresi, G. (1968) ‘Does the Fault System Optimally Control Primary Accident Costs’, *Law & Contemporary Problems*, 33 (3), pp. 429 – 464.

本而过于增加行政成本，也不符合效率的要求。[①]

以上只是事故法的经济理论模型。那么，侵权责任在实践中能否减少事故成本？这是一个实证问题。对侵权责任功能的实证验证，在国外早已不是新的课题。例如，北美学者早在20世纪90年代就对侵权法从威慑、赔偿与矫正正义三个角度进行了实证分析，最后得出的结论是侵权责任威慑力确实是存在的。[②] 但是，在次要事故成本减少方面，侵权责任没有保险或社会保险制度有效。

实践中，饲养动物损害事件常发生于两种场合：其一，事发前，当事人间并无太多联系，不存在就事故预防进行协商的可能性。饲养动物损害事件多属此类，如路过某人家门口时被冲出的狗咬伤、花园内晨练被路过的狗撞伤、下山时遇耕牛袭击、驱赶闯入家院的公猪时被公猪咬伤等。[③] 其二，事发前，当事人间存在某种合同关系，如动物园发生的动物袭击事故。[④] 下文将从一般情形与特殊情形分别讨论：

（二）一般情形：陌生人间发生之事故[⑤]

1. 不考虑活动水平之单边预防事故模型

如前所述，侵权法的主要目标是最小化首要事故成本，即事故预防成本与预期事故损害之和。通常而言，随着注意水平之提高，事故预防成本也随之增加。同时，随着注意水平之提高，预期事故损害大小也随之下降。[⑥] 预期事故损害之减少，即为事故预防收益之增加。因此，首要事故成本两大构成部分

---

① See supra note &, Calabresi, p. 28.

② 例如，在交通事故责任领域，来自加拿大魁北克省的数据显示，当该省从以过错责任为基础的侵权责任机制转向无过错保险赔偿机制后，交通事故死亡率上升了6%到10%。另外，在医疗过失责任领域，侵权责任的威慑力强度过大，甚至产生了普遍的防御性医疗的问题。See Dewees Don, Duff David &Trebilcock Michael, *Exploring the Domain of Accident Law: Taking the Facts Seriously*, Oxford University Press, 1996, pp. 414 - 420.

③ 参见〔2015〕淮民一终字第00266号；〔2014〕郑民二终字第1754号；〔2014〕黔六中民终字第1187号；〔2014〕嵩民七初字第94号。

④ 动物园，尤其是野生动物园，近年来也屡发严重的动物伤人事故。参见周丹：《八达岭野生动物园老虎伤人1死1伤》，载《北京青年报》2016年7月25日第A05版。2016年引发诸多争议的，当属八达岭野生动物园老虎袭击事件，受害人家属已对动物园提起民事诉讼。参见云南信息报：《遭虎袭女游客起诉动物园索赔154万》，载《云南信息报》2016年11月23日第A03版。

⑤ 限于篇幅，这里只是简要归纳事故法经济模型的主要结论，省略了数学证明过程。有关陌生人之间事故模型的详细数学论证，see e. g. Yu, X. (2016) 'Causal Uncertainty in Chinese Medical Malpractice Law - When Theories Meet Facts', *Tsinghua China Law Review*, 9 (1), pp. 23 - 62.

⑥ 如果行为人在事前越谨慎，那么事故发生的可能性越小，事故损害的幅度也越小。预期事故损害，即事故发生率与损害幅度的乘积。所以，行为人注意水平越高，预期事故损害越小。

呈反方向变动：一方面，如果加害人选择投入很少注意，由于预期事故损害值很大，首要事故成本值也将很大；另一方面，如果加害人选择投入过高的注意，由于事故预防成本急剧增高，首要事故成本值也变得很大。可见，随着注意水平的逐步提高，首要事故成本经历了一个先减小、后增加的过程。当事故预防边际成本恰好等于其边际收益时，必然存在一个注意水平 C，使得首要事故成本达到最小化。该 C 被称为社会最优注意水平（socially optimal level of care）。[①]

对于行为人而言，法律所规定的责任无非三种形态：不课加责任、过错责任或无过错责任。显然，不课加责任是无效率的，因为理性的行为人在不受侵权责任的威慑时，为了回避事故预防成本，不会采取任何预防措施，此时的首要事故成本非常高。那么，课加过错责任或无过错责任，其效果有何异同？

我们首先假定活动水平不影响事故风险，并且假定法院将过失的判定标准（“合理注意标准”）设定为 C。当课加过错责任时，若行为人的实际注意水平低于 C，则被判定为有过失，须面对全部的首要事故成本，此时，首要事故成本高于其最小值。既然首要事故成本仍有减少的空间，理性的行为人会继续提高注意水平直到 C，旨在使自己所负担的首要事故成本最小化。若行为人的实际注意水平高于 C（即无过失），无须对事故损害承担赔偿责任，行为人将只承担事故预防成本。但是，此时的事故预防成本，显然是高于只采纳 C 时的事故预防成本。因此，理性的行为人将会减少其注意水平直到 C 为止，旨在尽可能减少其所负担的事故预防成本。因此，过错责任是有效率的，因为它能够诱导行为人在事前采纳 C。

当适用无过错责任时，无论行为人实际采纳何等注意水平，他都要承担事故损害，即他始终要面对全部的首要事故成本。[②] 换言之，此时，行为人的私人成本等于社会成本，行为人活动所带来的负外部性被“完全内部化”。理性的行为人为了使私人成本最小化，他必定选择 C，来最小化首要事故成本。[③] 因此，无过错责任也是有效率的，能诱导行为人在事故采纳 C。

综上，在单边预防事故中，若活动水平不影响事故风险，且法院将合理注意标准设定为最优注意水平，课加过错责任与无过错责任对事故预防而言，是同等有效率的。

---

① See Robert Cooter & Thomas Ulen, *Law & Economics*, 6th ed., Addison - Wesley, p. 201.

② See Brown, J. P. (1973) ‘Toward an Economic Theory of Liability’, *The Journal of Legal Studies*, 2 (2), pp. 323 - 349.

③ See Shavell Steven, *Economic Analysis of Accident Law*, Harvard University Press, 1987, pp. 7 - 9.

2. 考虑活动水平之双边预防事故模型

但是，在饲养动物损害事件的场合，情况又有所复杂，因为当事人之活动水平，也会影响到事故成本与收益的计算。具体而言，动物保有人之活动水平有两重影响：其一，活动水平的增加将等比例地提高预期事故损害，例如，假定单次活动时注意水平恒定，当遛狗次数增加一倍时，行人被狗咬伤的风险也增加了一倍；其二，活动水平的增加将提高行为人之效用（至少在一定范围内），例如，遛狗的时间越长，遛狗者所获得的效用也随之增加（直到其感到厌烦为止）。[①] 同时，潜在受害人之活动水平，对事故发生率也有类似影响：其一，增加出行的频率或时长，意外遇到动物袭击的风险也等比例增加；其二，在一定限度内，增加出行的频率或时长，会提高潜在受害人从出行活动中所获取的效用。

当考虑活动水平时，社会福利的大小，等于行为人从活动中所获取的效用，减去行为人所面对的首要事故成本。根据边际效用递减规律，行为人在活动水平较低时，所获边际效用最高，且高于边际首要事故成本（否则行为人一开始就不参与该活动）；但随着活动水平提高，所获边际效用呈递减趋势。经济学家证明，当边际效用降低到刚好等于边际首要事故成本时，社会福利实现最大化，此时所对应的活动水平称为社会最优活动水平（socially optimal level of activity），记为 A。[②]

当活动水平也影响事故风险时，过错责任与无过错责任之效果将有所不同。在无过错责任机制下，所有的事故风险都由潜在加害人承担，即实现将外部成本"完全内部化"。因此，潜在加害人既会选择 C，也会选择 A，以实现私人收益（即社会福利）最大化。可是，在过错责任机制下，如果潜在加害人选择了 C（即无过失），那么他们将不再承担任何损害赔偿责任。因此，他们会持续地从事他们的活动，直到他们不能再从活动中获取任何额外的效用时为止。[③] 从社会的角度讲，他们的活动水平是高于 A 的，因此是无效率的。

综上，若注意水平与活动水平皆影响事故风险时，只有无过错责任，才能激励行为人同时采纳最优注意水平与最优活动水平。

如前所述，饲养动物损害事件是典型的双边预防事故，并且双方当事人之活动水平也影响事故风险。因此，核心问题是：是否存在一种法律规则，能够

---

① See Shavell Steven, *Economic Analysis of Accident Law*, Harvard University Press, 1987, p. 21.

② See Shavell Steven, *Economic Analysis of Accident Law*, Harvard University Press, 1987, pp. 22 - 23.

③ See Shavell Steven, *Economic Analysis of Accident Law*, Harvard University Press, 1987, pp. 22 - 25.

激励双方当事人同时采纳最优注意水平与最优活动水平？为回答这个问题，我们以下针对四种可能的归责模式，探讨双方当事人之博弈结果：

规则一：不附加与有过失抗辩事由的过错责任。如前文所述，为避免因过失而承担侵权责任，潜在加害人会采纳其最优注意水平；但之后，他因不再面临侵权责任，会大胆从事自己的活动，使实际活动水平高于其最优活动水平。预料到对方会尽到最优注意，潜在受害人将无法获得赔偿，则面临全部预期事故损害，因此会同时采纳其最优注意与活动水平。

规则二：附加与有过失抗辩事由的过错责任。若潜在受害人采纳其最优注意水平，潜在加害人将不能援引与有过失之抗辩事由对抗潜在受害人，则规则二效果等同于规则一。若潜在受害人实际注意水平低于其最优注意水平（即受害人与有过失），则潜在加害人即使有过失，亦可援引与有过失之抗辩事由，相应地减轻其所承担的预期事故成本；但是，若潜在加害人采纳其最优注意水平，则可完全免于承担预期事故成本。两相比较，潜在加害人仍会选择采纳最优注意水平，但之后亦没有动机去限制自己活动水平。综上，规则二的博弈结果与规则一完全相同。

规则三：不附加与有过失抗辩事由的无过错责任（或称“绝对责任”）。绝对责任将全部首要事故成本课加于潜在加害人，促使其同时采纳其最优注意与活动水平。因为无论如何都会获得完全赔偿，潜在受害人不承担任何事故成本，因此，既不会采纳其最优注意水平，也不会限制其活动水平。

规则四：附加与有过失抗辩事由的无过错责任。在无过错责任下，无论潜在加害人之注意水平为何，潜在受害人在自己无过失时均可获得全额赔偿，因此，潜在受害人有动机采纳其最优注意水平，以避免丧失获得全额赔偿之机会；但他没有动机去选择最优活动水平。预料到潜在受害人将采纳最优注意水平，潜在加害人将无机会援引与有过失之抗辩事由，因此，仍会承担全部首要事故成本，同时采纳其最优注意与活动水平。

可见，以上四种责任模式，没有哪一种能够同时诱导双方当事人同时采纳其最优注意与活动水平，因此，都是不理想的。之所以无法构造出社会最优的责任模式，是因为没有任何一种模式，能够将首要事故成本同时让双方当事人承担。①

在认识到此种局限时，经济学家主张：在双边事故模型中，若双方之注意水平与活动水平皆影响事故风险时，如果潜在加害人的活动比潜在受害人的活

---

① See Shavell Steven, *Economic Analysis of Accident Law*, Harvard University Press, 1987, p. 29.

动更有必要加以限制时，课加无过错责任要优于课加过错责任。[①] 具体而言，这种情况主要发生于一方之活动比较危险的场合，因为危险活动事故风险的减少不能单单通过采纳最优注意水平，还必须将危险活动的频率控制在社会最优水平。[②]

就动物饲养活动与潜在受害人之出行活动而言，前者的危险性（例如，在农牧业中使用动物，农村养狗看家护院，城市居民饲养各种宠物并携带进入公共场所等）要远高于后者（例如，在大街上通行，拜访亲友，进入动物园观光等）。[③] 动物的危险性，不仅在于其本身具有攻击性（如凶猛的野生动物），一旦攻击就有可能造成严重物理性损害，而且在于其有可能携带致命病原体。例如，即使是看上去温驯的宠物、家畜，也可通过抓、咬等方式向人类传播各种传染病。据报道，我国已是受狂犬病危害最为严重的国家之一。[④] 虽然驯养的家畜一般比野生动物攻击性要小，但是通过抓、咬、碰撞等方式所造成的损失范围与程度并不见得小。因此，我们无法简单地得出野生动物的危险性就必然大于驯养动物。对于人类而言，动物的危险性主要在于其难以预料的自发活动性。“动物的危险基于动物——和其他无生命物不同——作为活的、可动的有机体，可产生自发力。因为动物自己，同时‘自发’地活动，会出现人失去控制的局面。”[⑤] 动物保有人应当在事前采纳合理的预防措施；如果有效的预防措施很少或不存在，那么动物保有人应当减少或停止其动物饲养活动。综上，原则上应当对动物保有人课加无过错责任。《侵权责任法》第 78 条原则上以无过错责任为归责基础，符合经济效率原则。

但仍有例外情形，殊值探讨。前文论述，皆以动物饲养活动只产生负外部性为前提。但不可否认，饲养活动亦可产生正外部性。比如，农牧业经营者为社会提供大量优质的谷物、牛蛋与肉类，不仅直接解决人们的温饱问题，也增强了人类体质；而健康的人群又为企业提供优质劳动力，从而提高社会生产率。当一项活动既有负外部性又有正外部性时，我们必须十分谨慎，避免动辄

---

① See Shavell Steven, *Economic Analysis of Accident Law*, Harvard University Press, 1987, p. 29.

② See Shavell Steven, *Economic Analysis of Accident Law*, Harvard University Press, 1987, pp. 31 - 32.

③ 换句话说，合乎秩序的出行活动（尤其是步行），几乎不会对第三人造成危险。不合秩序的出行活动则会对他人造成危险，例如，在城市交通要道因嬉戏而相互追逐，有可能引发严重交通事故。再如，为了健身而在公园倒步走，有可能撞倒其他游园者。

④ 参见卫生部等《关于印发〈中国狂犬病防治现状〉的通知》，载《中华人民共和国卫生部公报》2009 年第 11 期。

⑤ ［德］克里斯蒂娜·埃贝尔·博格斯：《德国民法动物饲养人责任（§§833, 834 BGB）施陶丁格注解》，王强译，中国政法大学出版社 2013 年版，第 28 页。

对活动者课加无过错责任，否则会过度限制对社会有正外部性的活动。[①] 农牧业饲养活动，其所给社会带来的正外部性，显然要高于其他动物饲养活动。因此，不宜对农牧动物保有人课加无过错责任。但是，农牧动物保有人，显然要比受害人更了解其动物之风险，从减少行政成本（即证明成本）与错判风险的角度出发，[②] 应将证明责任分配给农牧动物保有人。比较法上，《德国民法典》第 833 条对农牧主课加过错推定责任，有其经济学上之合理性，值得借鉴。

3. 抗辩事由之选择

就是否附加抗辩事由而言，即在规则三与规则四的选择上，规则四优于规则三。因为前者除了能够诱导潜在加害人采纳其最优注意与活动水平，还能够诱导潜在受害人采纳其最优注意水平，从而更进一步地减少首要事故成本。在饲养动物损害事件中，受害人对事故的预防，一般表现为不要主动靠近、挑逗，甚至殴打他人所饲养的动物。存在上述行为时，受害人之主观心态往往是故意或重大过失。受害人因轻微过失而导致饲养动物损害事件，在现实中是比较罕见的；因为其发生之概率极低，因此，不值得法院花费行政成本来做此种判断。[③] 因此，我国《侵权责任法》第 78 条采纳与有过失之抗辩事由，并将其限定为故意或重大过失，是符合经济效率的。

可是，《侵权责任法》第 79 条与第 80 条，对违反行政管理规定的动物保有人课加绝对责任，是不合理的。部分学者认为，课加绝对责任，是对违法者的责任加重。[④] 但如前所述，规则三与规则四对潜在加害人的威慑力是相同的：与后者相比，前者既不能提高加害人之注意水平，也不能更加限制其活动水平。相反，对动物保有人作严格要求，并不意味着可放任潜在受害人自己的疏忽大意。对潜在受害人而言，规则三不能促使其采纳其最优注意水平，不利于实现首要事故成本的最小化。况且，违反行政法律法规的动物保有人，除侵权责任外，还将会遭受行政处罚，其所承担之法律责任已经比不违法者为重，故无须通过减损侵权责任之效率性，来“加重”对违法者之责任。

---

① See Faure Michael, ‘Economic Observations Concerning Optimal Prevention and Compensation of Damage Caused by Medical Malpractice’, in Dute Jos, Faure Michael G. & Koziol Helmut eds., *No – Fault Compensation in the Health Care Sector*, SpringerWienNewYork, 2004, pp. 16 – 17.

② 有关证明责任分配的经济模型，see e.g. Eric L. Talley, ‘Law, Economics, and the Burden (s) of Proof’, in Jennifer Arlen ed., *Research Handbook on the Economics of Torts*, Edward Elgar, 2013, pp. 305 – 329。

③ See Calabresi, G. & Hirschoff, J. T. (1972) ‘Toward a Test for Strict Liability in Torts’, *The Yale Law Journal*, 81 (6), pp. 1055 – 1085.

④ 参见杨立新：《饲养动物损害责任一般条款的理解与适用》，载《法学》2013 年第 7 期。

那么，除了受害人故意或重大过失，动物保有人是否可援引第三人原因与不可抗力之抗辩事由？笔者持否定态度。在一般侵权的场合，应当允许加害人援引第三人原因与不可抗力之抗辩。这主要是因为，侵权责任威慑力的实现，必须以加害人能够有效预防事故风险为前提。若损害系第三人原因或不可抗力所致，该损害并非加害人所能预防者，仍让加害人承担责任，虽不会促使其进一步提高注意水平（因无法通过此种方式减少事故风险），但会促使其进一步限缩活动水平（因可通过此种方式减少事故风险），结果会产生过度威慑。

但是，在饲养动物损害事件场合，情况则有所复杂。若损害完全系第三人之过错行为所致，理应由第三人承担全部责任；若损害只有部分系第三人之过错行为所致，应当由动物保有人与第三人按照各自造成损害的原因力大小来承担责任。然而，在饲养动物损害事件中，因第三人逃逸、无过错或无赔偿能力，受害人向第三人求偿，往往不能成功。这种向第三人追偿不能的风险，某种程度上与不可抗力风险类似，皆是动物保有人与受害人无法预料而又不能抗拒之不利结果。这涉及一种不幸损害之分配问题，并非首要事故成本减少之要求，而是次要事故成本减少之要求。

在非常重视社会连带价值的社会，有可能通过广泛的无过错补偿基金或社会保障制度，对此类次要事故成本予以充分的救济。[①] 但在我国，社会保障的力度尚处于社会主义初级阶段，对此类不幸损害之救济是十分有限的。[②] 因此，若必须将此种不幸损害在动物保有人与受害人之间进行分配，原则上应分配给动物保有人，理由有二：其一，应当加强对危险的动物饲养活动水平的限制，以优先保护受害人之活动自由；其二，动物保有人若为机构时，其往往有更为雄厚的财力，来购买责任保险（将损失在空间上尽可能分散到全社会），或进行自我保险（将损失在时间上尽可能分散到不同年份），或通过价格机制将损失分散给全体消费者。[③]《侵权责任法》第83条让动物保有人先行承担责任的做法，实际上已经将第三人无力或无法赔偿的风险，分配给动物保有人，

---

① See Ulrich Magnus, 'Impact of Social Security Law on Tort Law Concerning Compensation of Personal Injuries - Comparative Report', in Ulrich Magnus ed., *The Impact of Social Security Law on Tort Law* (Tort and Insurance Law Vol. 3), SpringerWienNewYork, 2003, pp. 266 - 306.

② 《社会保险法》目前只对工伤这一种事故类型予以救济，并不涵盖其他不幸事故损害。不过，若因意外事件而导致严重困难的，依《社会救助暂行办法》第47条，目前可申请临时救助。但这种救助额度是比较有限的，例如，西安碑林，临时救助最高不超过6000元。参见西安碑林民政：《临时救助办理流程》，2014年9月2日，载 http://beilin.mca.gov.cn/article/zcfg/201409/20140900694835.shtml，最后访问日期为2016年12月25日。

③ See Guido Calabresi, The Costs of Accidents: A Legal and Economic Analysis, Yale University Press, 1970, pp. 50 - 55.

这具有一定合理性。而第78条未规定第三人原因或不可抗力之抗辩事由，在目前看也是合理的。①

（三）特殊情形：动物园与游客间发生之事故

动物园之饲养动物损害事件，其所特殊之处在于动物园与游客之间，存在服务合同关系。动物园收取票价，提供动物观光服务，系服务提供者；游客支付票价，购买动物观光服务，系消费者。经济学家证明，在完全竞争市场，如果消费者对商品/服务之风险完全知晓，那么无论是不课加侵权责任，还是课加过错责任或无过错责任，都能诱导企业采纳社会最优注意水平，并且促使消费者购买社会最优商品/服务量。②

但是上述合同关系中的事故模型，对我国动物园之饲养动物损害事件，并不宜直接适用。主要理由有二：其一，我国的动物观光服务市场，在每个城市几乎都是垄断性的。据统计，我国动物园全国总共213个，一般一个地级市只有一个动物园。③ 至少在本地，游客并不能依票价自由地选择另一家动物园。就全国市场而言，游客若选择去其他城市的动物园，则必须考虑交通运输费用，通常距离越远，则费用越高，因此游客也不能仅依票价自由选择动物园。所以，若不课加侵权责任，市场力量不足以确保服务质量。其二，现实中，游客对服务之风险并不能完全知晓。或许游客对老虎、狮子等常见猛兽的危险性有所了解，但对于动物园中其他多数野生动物的危险性往往缺乏了解。即使动物园在游客购票时，对动物风险予以充分告知，但由于不存在竞争市场，前述合同模型仍是不可适用的。因此，我国动物园之饲养动物损害事件，仍应适用陌生人间发生之事故模型，原则上应对动物园课加无过错责任，并附加予有过失之抗辩事由。

---

① 当然，这只是当下的权宜之计。等日后社会保障水平提高时，则无须通过侵权责任法对此类不幸损害进行分配。就次要事件成本减少而言，广泛的损失分散机制如社会保障，要优于将损失仅在当事人之间进行分配的机制。另一种可行的机制为强制商业意外事故保险，不过其损失分散程度要低于社会保障。

② 这是因为消费者的购买决策，始终是以其所感知的全价（full price）——市场价格与由消费者自己负担的预期事故损害之和——为基础的。一方面，企业若将商品/服务安全性降低到社会最优水平以下以降低市场价格，消费者会感知到该企业出售次优商品/服务，从而会选择其他企业所提供之价高但更安全的商品/服务。另一方面，企业若将商品/服务安全性提高到社会最优水平以上，则因价格过高，丧失市场竞争力。因此，在消费者完全信息与竞争市场的假设下，企业始终会选择提供社会最优安全水平的商品/服务。See Shavell Steven, *Economic Analysis of Accident Law*, Harvard University Press, 1987, pp. 51 – 53.

③ 参见中国动物园协会：《会员单位》，载 http://www.cazg.org.cn/cazgmap/cazgjoin.aspx? name = 4，最后访问日期为2016年12月25日。

但是，《侵权责任法》第 81 条却对动物园课加过错推定责任。有学者主张，动物园的饲养活动具有“公益性”，体现在其有助于科学研究、有助于保持物种多样性与促进珍稀动物繁殖、有助于满足人民物质文化需要等。[①] 这种“公益性”可解读为经济学上之正外部性。如前所述，如果一项活动同时具有正外部性与负外部性，则不宜动辄课加无过错责任。然动物园的正外部性存在与否，颇令人质疑。首先，动物园饲养活动未必有助于科学研究。事实上目前很少有研究项目是在动物园开展的，因为以动物园的动物为研究对象会导致研究结果的失真。动物园所提供的栖息环境是人工的，而且很多动物园动物都有不同程度的精神错乱。[②] 例如，狼与猩猩，它们在未经人类干预的自然环境中的社会组织方式与动物园中的同类完全不同。其次，动物园饲养活动未必有助于物种保存。绝大多数动物园都没有物种保存的主观愿望或者客观资源。确实有一些动物园动物（例如，金狮狨猴、阿拉伯大羚羊等）能够成功回归自然，但这些动物只是极少数，并不能将动物园饲养其他上数万种动物的行为正当化。[③] 动物园不断地从野生环境抓捕动物反而不利于野生环境下物种的保存。某些动物园饲养的物种（如大熊猫等）确实面临着灭绝的危险，但是绝大多数其他的动物园饲养物种并没有这样的危险。再次，满足人民物质文化需要可以通过其他多种替代性方式，未必非要通过动物园的方式。当人们在 20 世纪 50 年代蜂拥地进入动物园时，电视尚未普及；如今，介绍野生动物在野外正常生活的电视节目已经非常普遍。[④] 也有许多人选择到东非、非洲南部旅行，观赏自然状态的野兽。我们没有必要必须通过圈养野生动物的方式娱乐大众。最后，许多动物园饲养野生动物实际上是为了吸引更多的游客，赚取门票，从而淡化了其公益性。[⑤]

综上，动物园的公益性颇令人质疑，其对社会产生的正外部性也很难证明是真实存在的。同时，因为动物园所饲养的动物多为野生动物，其攻击性一般要高于驯养动物，对社会产生的负外部性是不容忽视的。不能因为动物园的动物关在囚笼里，就认为它们不具有危险性。动物园采取了严密的安全措施，本

---

① 参见王利明：《侵权责任法研究》（下），中国人民大学出版社 2011 年版，第 606 页。

② See Isacat Ben, *How to Do Animal Rights*, Lulu, 2014, pp. 314 – 316.

③ See Isacat Ben, *How to Do Animal Rights*, Lulu, 2014, pp. 314 – 316.

④ See Isacat Ben, *How to Do Animal Rights*, Lulu, 2014, pp. 314 – 316.

⑤ 实践中常见的例子就是动物表演、野味餐厅、与动物收费合影等。参见北京日报：《住建部开查动物表演和违规经营野味餐厅等营利行为　动物园不许发“动物财”》，载《北京日报》2011 年 3 月 2 日第 10 版；经济晚报：《南昌动物园借动物表演营利被叫停》，载《经济晚报》2011 年 3 月 16 日第 4 版。

应是课加无过错责任后的合理结果，绝非减轻其侵权责任的理由。因此，动物园并无受特别保护之理由，应当对其课以无过错责任。

四、修法建议

综上，笔者建议在未来我国的民法典中，为了事故成本最小化的目标，应当重构饲养动物损害责任条款。应当基本保留《侵权责任法》第 78 条、第 83 条。第 82 条当然也是可以保留的，但解释上实际上可以被第 78 条“饲养的动物”所涵盖，因此两条文可以合并。同时，为行文简洁，建议将“动物饲养人”与“动物管理人”合称为“动物保有人”，解释上包括动物所有人或者占有人。建议删除第 79 条、第 80 条与第 81 条。同时应当增加一条特殊规定来保护农牧饲养事业。据此，笔者提出以下两条饲养动物损害责任的立法建议条文：

第 X 条　饲养的动物造成他人损害的，除第 X +1 条规定的情形外，动物保有人应当承担侵权责任。但能够证明损害系因被侵权人故意或重大过失造成的，动物保有人应当依照其责任大小承担相应的损害赔偿责任。

因第三人的过错致使动物造成他人损害的，被侵权人可以向动物保有人或者第三人请求赔偿。动物保有人或者第三人赔偿后，有权依照各自的责任大小相互追偿。

第 X +1 条　损害系由规定用于动物保有人的行业、从业活动或生计的家畜引起，动物保有人不能证明自己在监督动物时尽到了交易上合理注意的，应当承担损害赔偿责任。

（责编：任月　审校：方芳）

繁简分流视角下民事二审速裁机制的构建

——由不开庭审理的失范现象切入

马凤岗 *

摘　要：为了缓解“案多人少”压力，实现民事二审案件繁简分流，不开庭审理方式得到越来越多的关注。然而，实证考察表明，不开庭审理存在诸多失范现象，主要表现为：适用范围“两极化”、审理过程无序化、审判组织独任化、诉讼效率散漫化。究其原因，固然与立法上的不健全、不周延密切相关，而理念层面的理性反思也必不可少。为完善这一制度，在价值取向上，应从“公正—效率”范式转向“成本—收益”分析；在程序主体上，应从法官完全主导转向当事人适度参与；在寻求公信上，应从依赖分配正义转向重视程序正义；在审判组织上，应从合议庭独任化转向不开庭审理独任制。并且，有必要建立民事二审速裁机制，更好地实现制度目标。

关键词：二审　不开庭审理　速裁机制

引　言

当前司法改革面临的主要挑战之一是“诉讼爆炸”。全国法院新收案件量从 2010 年的 1087 万件到 2016 年的 1953 万件，上升了近一倍①。在此态势下，

---

* 马凤岗，天津市第二中级人民法院研究室审判研究科科长、一级法官。

① 参见周强院长在 2017 年 3 月 5 日中华人民共和国第十二届全国人民代表大会第五次会议上所作的《2017 年最高人民法院工作报告》。

小额速裁机制应运而生，且不论是否得到理论界和实务界的普遍认可，其在实践中确实发挥了“繁简分流”的效果，缓解了基层法院的积案压力。然而，同样面临“案多人少”困境的二审法院①，似乎被遗忘在审理方式改革的角落，只能凭借民事诉讼法修改后保留下来的“不开庭审理方式”进行因地制宜的改造。这种二审审理方式由于立法上的模糊，以及诉讼理念和价值取向上的偏颇，在实践中产生了诸多失范现象。可以预见，随着案件量的持续快速增加，此问题只会愈发突出，这不仅危及二审监督和纠错功能的发挥，最终也会导致司法权威和公信力受损。鉴于此，如何完善不开庭审理方式，并以此为基石建构一套满足民事二审案件繁简分流需要的速裁机制，是亟待解决的重要理论与实践课题。

一、实践考察：不开庭审理的失范表现

（一）不开庭审理的概念及立法演变

不开庭审理，就是在二审中经过阅卷、调查和询问后，采取不开庭的方式对案件作出裁判。从学理上看，二审审理程序包括开庭审和书面审两种。不开庭审理不是单独的二审程序，只是开庭审程序的补充，其与书面审的主要区别在于是否存在调查、询问环节。从立法上看，不开庭审理是现行民事诉讼法明确规定的二审审理方式。② 根据 2012 年修订前民事诉讼法的规定，不开庭审理通常被称为“径行裁判”，③ 适用径行裁判的条件是“事实核对清楚”。该适用标准具有很大的模糊性，导致实践中不开庭审理几乎成为惯例，开庭审理反而成为例外。因此修订后的民事诉讼法作出了较大调整，明确提出只要有“新的事实、证据或者理由”就必须开庭审理，使得不开庭审理的条件更加具体，主要目的在于“倡导尽可能公开审理，最大限度保障当事人的诉讼权利，

① 本文所称的二审法院仅限于中级人民法院。高级人民法院、最高人民法院的办案压力相对较小，且审级职能更偏重于审判监督和指导，因此不在本文讨论之列。

② 2012 年修订后的《民事诉讼法》第 169 条第 1 款规定：“第二审人民法院对上诉案件，应当组成合议庭，开庭审理。经过阅卷、调查和询问当事人，对没有提出新的事实、证据或者理由，合议庭认为不需要开庭审理的，可以不开庭审理。

③ 2012 年修订前的《民事诉讼法》第 152 条第 1 款规定：第二审人民法院对上诉案件，应当组成合议庭，开庭审理。经过阅卷和调查，询问当事人，在事实核对清楚后，合议庭认为不需要开庭审理的，也可以径行判决、裁定。

提高二审裁判的透明度”,[①] 同时考虑到不开庭审理与开庭审理的相对关系，将“径行裁判”改为“不开庭审理”。

表1　不开庭审理与书面审、开庭审的对比情况

	书面审理	开庭审理	不开庭审理
是否为独立程序	是	是	否
是否调查、询问	否	是	是
是否开庭	否	是	否
审判组织形式	独任或合议	合议	合议
是否为我国法律所规定	否	是	是

（二）不开庭审理的失范表现

修订后的民事诉讼法对不开庭审理进行了条文上的修正，但不开庭审理在实践中却依然呈现出种种失范现象。通过对某市F中院2012年至2015年相关审判数据和随机抽取的100件不开庭审理案件卷宗的整理和对比，通过48名当事人及律师的问卷调查以及若干一线法官的走访座谈，笔者试图对当前不开庭审理存在的失范问题进行类型化分析：[②]

1. 失范表现之一：适用范围两极化

数据显示，近年来F中院的民事二审案件开庭数和开庭率都在逐年上升，2015年达到历史最高（见表2）。然而，无论从数量上还是比例上，不开庭审理方式仍然占绝对主流。从全国范围看，虽然修订后的民事诉讼法再次强化了“以开庭审理为原则、不开庭审理为例外”，促使有的法院如沈阳中院、厦门中院等采取各种措施努力提升二审开庭率，[③] 但不开庭审理程序简化、效率高的特点符合当前解决“案多人少”困境的需要，并且其低对抗性的缓和氛围

① 李相波：《新民诉法解释二审程序的八大问题解读（最高法院法官解读“新民事诉讼法解释”系列文章之四）》，载《法律适用》2015年第4期，第36页。

② 调查对象为不开庭审理案件的事人和律师，在立案大厅当场发放回收问卷，保证了调查问卷的真实性。相关审判数据通过该院审判信息系统查询汇总得出。

③ 参见沈阳市中级人民法院课题组：《深化司法公开 维护司法公正——辽宁省沈阳市中院关于司法公开情况的调研报告》，载《人民法院报》2014年6月12日。安海涛、张清姬：《厦门五抓手促审执工作规范运行》，载《人民法院报》2014年6月5日。

还有利于促成和解,[①] 由此更容易赢得法官青睐。不开庭审理“泛化”现象严重，不仅严重违背了民事诉讼法修改的初衷，也使得二审程序变成走过场，二审监督和纠错功能难以实现。同时由于当事人程序参与度不高，无法发挥二审程序吸收不满的作用，当事人可能因对不开庭审理存在“合理怀疑”而坚持申诉或信访。调查表明，有 52% 的当事人和律师对案件采取不开庭审理方式持有质疑。

表 2　F 中院民事二审案件审理情况统计

年度	结案数	调撤数	调撤率	开庭数	开庭率
2012 年	6125 件	999 件	16.31%	503 件	8.22%
2013 年	7268 件	1079 件	14.85%	610 件	8.39%
2014 年	7963 件	989 件	12.42%	1038 件	13.04%
2015 年	9278 件	1221 件	13.16%	1445 件	15.57%

为了避免不开庭审理带来的弊端，不少法院对其进行了限制和规范。但有的法院矫枉过正，走向了完全抛弃不开庭审理的另一个极端。如某中院提出，“对二审案件，不论案件事实是否清楚，只要具备开庭条件的均予以开庭审理”。[②] 不加区别的完全适用开庭审理，必然导致司法资源的浪费，降低了审判效率，使本已十分突出的人案矛盾雪上加霜。再如 F 中院民二庭在 2015 年要求全部二审案件开庭审理后，法官年均结案数由 2014 年的 161 件左右变为 121 件左右，降低了近 1/4，为完成审判任务不得不增加人员。

2. 失范表现之二：审理过程无序化

不开庭审理与开庭审理的重要区别在于，其通过阅卷、调查和询问方式来查清案件事实。在被调查案件中，有 8% 的案件在适用不开庭审理时没有经过任何调查和询问，法官在查阅研究一审卷宗和上诉状、答辩状等书面材料后即进行合议、裁判。这实际上已经异化为“书面审”。至于询问的形式更是五花八门。有 23% 的案件法官让书记员代替自己主持询问，15% 的案件曾在人手不足时由法官自问自记，44% 的案件完全按照开庭程序进行询问。还有的法官在开庭审理后，发现有事实没有查清，于是又采取不开庭审理方式进行补救，使得整个审理显得不伦不类。不开庭审理的随意化，导致当事人无所适

① 表 2 数据显示，调撤率与开庭率基本呈负相关关系。

② 《枣庄中院二审案件开庭率 92.1%》，载《齐鲁晚报》2012 年 9 月 3 日。

从，使他们产生被任意处置和不受尊重的感觉，对裁判是否公正产生了极大质疑。

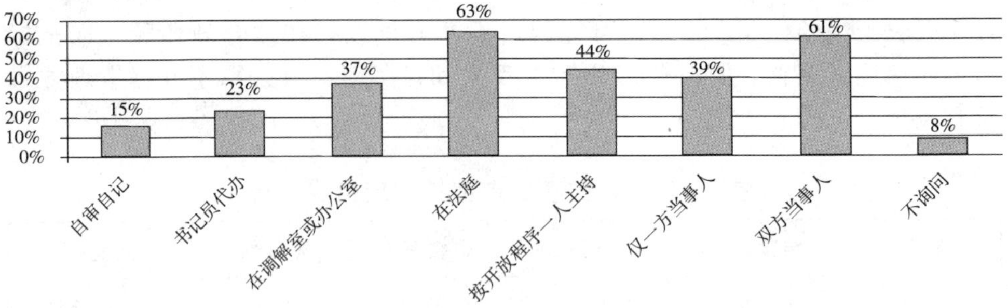

图 1　不开庭审理的询问方式情况

3. 失范表现之三：审判组织独任化

调查显示，实践中不开庭审理案件普遍存在“形合实独”现象。案件从立案部门转到审判部门后，基本上由承办法官一人阅卷，并单独负责调查、询问，其他合议庭成员往往到合议阶段才通过阅卷和承办法官的汇报了解案情。在当前巨大办案压力下，法官更关心自己承办的案件，并且因为没有参与案件调查、询问，也没有认真研究案件，所以只能附和承办人意见或者不发表任何意见。笔者调查的 100 件案件全部都是合议庭一致意见，而且调查中有的承办法官坦承，不少合议笔录是自己编写的，合议时只是打电话象征性地征求了其他法官的意见。

4. 失范现象之四：诉讼效率散漫化

理论上讲不开庭审理因为缺少开庭环节效率会更高，而事实却并非如此。F 中院 2015 年不开庭审理二审案件的平均审理天数为 49. 6 天，开庭审理案件的平均审理天数为 53. 8 天，二者之间的差距比理论上的设想要小得多。初步分析其原因有三：一是民事诉讼法没有对二审不开庭审理的期限进行特别要求，并且同样可以申请延长审限；二是“案多人少”导致案件积压，在严格的责任追究制的压力下，法官更重视更为疑难复杂的开庭审理案件，对不开庭审理案件的关注度、投入度降低；三是我国民事诉讼采分割审理模式，多个案件审理交叉同步进行，当庭宣判率很低，长此以往有的法官养成了拖沓的办案习惯。不开庭审理的散漫化、低效化，违背了立法的初衷，使其丧失了应有的制度功能。

二、现象透视：不开庭审理失范的理性反思

从立法层面看，实践中不开庭审理的失范与相关立法的不周延、不完善紧密相关。民事诉讼法修订后对不开庭审理的范围进行了限定，采用了更加客观化的“当事人提出新的证据、事实和理由”标准，但何谓“新的证据、事实和理由”，当事人和合议庭往往存在不同认识，而最终是否开庭审理的决定权依然在合议庭手中。法官自由裁量权过大使得不开庭审理方式的滥用成为可能。然而，仅仅从立法层面还难以全面充分解释不开庭审理失范现象，为了充分发挥不开庭审理方式对于民事二审案件“繁简分流”的程序性价值，我们必须从诉讼制度层面进行理性反思，挖掘失范现象背后的深层问题。

（一）更新理念：从“公正—效率”范式到“成本—收益”模型

当法律被创设和适用时，它的内容必定被价值锁定。[①] 公正和效率是司法制度设计时必须要考虑的两大价值理念，如何寻找公正与效率之间的平衡点，在二者发生价值冲突时如何取舍，是构建司法制度需要解决的基本任务。以此反观不开庭审理规定，其立法目的也是“通过对上诉案件的繁简分流达到公正与效率之间的平衡”[②]。然而，在“案多人少”压力下，其效率性优势得到充分重视和发挥，因而出现了不开庭审理“泛化”现象，对于司法结果的公正性追求退居次要地位。与之相反，个别法院出现的“泛开庭化”又体现出对司法效率价值的漠视。

不开庭审理之所以在价值理念上“进退失据”，表面上看是由于条文过于简化留下了权力恣意空间，但从深层次讲却是在对是否开庭进行价值衡量时，拘囿于司法机关角度的“公正—效率”思维范式，忽视了立足于当事人多元价值需求的“成本—收益”模型分析。从当事人角度讲，如果诉讼制度无法提供其所期待的以最小的成本投入得到最大化的程序利益，则上诉对其而言不论结果如何都是“非理性”的选择。二审程序中当事人可期待的程序利益呈现多元化特点。对于一审事实不清、适用法律错误的案件，当事人希望通过严谨、细致的二审审理发现客观真实、修正法律适用；对于一审违反法定程序、

---

① ［美］罗伯特·S. 萨默斯：《美国实用工具主义法学》，柯华庆译，中国法制出版社 2010 年版，第 28 页。

② 李相波：《新民诉法解释二审程序的八大问题解读（最高法院法官解读“新民事诉讼法解释”系列文章之四）》，载《法律适用》2015 年第 4 期，第 38 页。

义务人凭借上诉审故意拖延时间，以及仅将上诉作为履职凭证（如部分保险公司、律所）等情形，当事人希望通过快速审理尽快保障合法权益。因此，二审程序必须以当事人成本和收益的综合计算为基础，以满足当事人多元化的程序利益为目标，合理界定开庭与不开庭审理的范围。

（二）优化主体：从法官完全主导到当事人适度参与

当事人在诉讼制度中的地位如何，决定了诉讼程序的建构形态。不开庭审理的程序设置亦是如此。当事人虽然可以提出新的证据、事实和理由，要求开庭审理，但最终是否开庭最终还是由法官来决定，当事人处于消极被动地位。过于依赖法官的主导使得“作为民事诉讼程序核心的辩论程序空洞化，并最终导致整个民事诉讼程序空洞化”。① 从当事人主义出发，规制不开庭审理必须引入当事人的程序选择权，其意义有两点：一是满足当事人对利益的不同偏好。实体利益与程序利益、发现真实与促进诉讼之间存在着紧张关系，当事人可以通过程序选择权，按照自己意愿获得某一方面的利益。二是提升当事人对裁判的信服度和接受度。因为程序是当事人自己选择的，即使败诉也会从心理上坦然接受，与法院强迫接受的程序相比更容易产生对结果和过程的认同。

然而，受制于我国法律文化不发达的司法国情，完全的当事人主义并不适合，职权主义诉讼模式在防止滥诉、避免诉讼迟延、弥补当事人诉讼能力差异和不足方面仍然具有重要作用。因此，更适合由当事人在满足公共利益的前提下自主决定是否选择不开庭审理。

（三）寻求公信：从依赖分配正义到重视程序正义

民众对法院、法官和法律的信任是一个法律系统存在的正当性基础之一。② 在我国当前司法公信力不足的背景下，如何建构有利于提升司法信任的诉讼制度尤为重要。要获得这种信任，可以有两个途径：一是分配正义（即实体正义），二是程序正义。在此次调查中，当被问及更看重结果公正还是程序公正时，选择“程序公正”的胜诉当事人和败诉当事人分别为 12% 和 65%。这说明，败诉方比胜诉方更加看重程序正义，单纯依靠实体公正难以产生充分的司法信任。而败诉当事人中有 73% 的人对案件公正持有“合理怀疑”，认为可能存在不当干预、权力寻租以及“关系案、金钱案、权力案”问

---

① 张卫平：《民事诉讼基本模式：转换与选择之依据》，载《现代法学》1996 年第 6 期，第 54 页。

② Tom R. Tyler, “Procedural Justice and the Courts”, 44 Court Review, 26 (2007).

题。究其原因，很大程度上是因为不开庭审理程序无序化、随意化所致。有关“主观程序正义”的理论研究也表明，“如果民众感到司法机构的运作符合程序正义的要求，他们会更乐意接受该司法机构的决定，信任该司法机构，并认可该司法体系的正当性”。[①] 因此，不开庭审理的完善必须重视当事人的主观感受和认知，通过最低限度的程序保障、科学的流程设计，堵塞不当干预、权力寻租的制度性空间，以此让当事人感受到公平正义，增强对二审结果的信任和遵从。

（四）健全组织：从二审审理独任化到不开庭审理独任制

实践中存在的“形合实独”问题由来已久，经常被人们批判和诟病，但更需要我们深思：是否所有的二审案件都必须且只能采取合议制审理？笔者认为，二审案件中的不开庭审理案件更适于独任制。理由有三点：（1）对于某些简单或常规性的案件而言，审判的正确率并不与法庭组成人数成正比。[②] 如果采用合议庭审理，则意味着每新收一个案件都要多投入三名法官，一方面每名法官投入到自己承办案件的时间和精力就会减少，案件质量和效率很难不受影响；另一方面“案多人少”困境也无法得到有效缓解。（2）二审审级职能与审判组织形式并无必然联系。二审的主要职能为依法纠错、定分止争。对于疑难复杂案件而言，合议制能够发挥集中集体智慧和相互监督制约的功能优势，对于实现二审职能具有显著作用；而对于简单的争议不大的案件而言，出错的概率较小，采取独任制方式依然能够有效保证二审的救济职能。（3）不开庭审理案件“形合实独”现象的普遍存在，恰恰说明独任制迎合了当前法院案多人少的实际情况以及不开庭审理方式的自身特点，显示出较强的适应力和适用性。

三、程序建构：民事二审速裁机制的探索

与一审案件的简易程序、小额速裁程序类似，要实现民事二审案件的繁简分流，就必须建构相应的特别程序机制。司法实践表明，不开庭审理方式能够

---

① 苏新建：《主观程序正义对司法的意义》，载《政法论坛》2014年第4期，第130页。20世纪四五十年代，社会心理学教授锡博特（Thibaut）和法学教授华尔克（Walker）开创性地将程序正义划分为客观程序正义和主观程序正义。主观程序正义的要旨在于从行为人的主观感受和认知来评价程序的正义性。

② 傅郁林：《繁简分流与程序保障》，载《法学研究》2003年第1期，第59页。

成为民事二审案件“繁简分流”的突破口。但近年来不少中级法院探索建立的民事二审速裁机制，① 也不失为完善不开庭审理方式、建构“繁简分流”程序机制的可行出路。其判断依据是：在价值追求上，民事二审速裁机制最大程度地保留了“不开庭审理”的立法精神，二者具有促进纠纷迅速解决、缓解“案多人少”困境、提升司法公信力的共同价值取向；在立法根据上，民事二审速裁机制以民诉法中的不开庭审理有关规定为基础，其适用范围、组织形式等均直接来源于相关条文内容；在程序设计上，民事二审速裁机制可视为不开庭审理方式的流程再造，以吸收其合理成分，规制其失范之处。

（一）宏观思路：民事二审速裁机制的基本架构

1. 设立原则

首先，遵循依法运行原则。民事二审速裁机制首先要遵守民事诉讼法及司法解释有关二审审理程序的规定，如合议制度、回避制度、审限制度、公开审判原则、调解原则和诚实信赖原则等，以及有关不开庭审理方式的规定。法律没有规定的，才能适用于二审速裁机制的特别规定。其次，兼顾效率优先原则。二审速裁追求的是程序的效率价值，重在一个“速”字，可以从两个方面实现：一是缩短审理时间，全部审理期限不超过一个月，同时尽量压缩各个审判节点之间的时间空隙；二是简化审理程序，如送达可以采取电话、电子邮箱、短信、快递等方式，撰写文书采取简化的格式内容。最后，坚守最低程序保障原则。为了保障当事人的诉权和程序的正当性，应当贯彻“公开、对席、口头、直接”的最低程序保障要求。② “公开”就是审理过程和结果对当事人和社会公开；“对席”指双方当事人均到场；“口头”是指用言词方式表达意见；“直接”指法官亲自主持审理。

2. 审判组织

独任制虽更适于不开庭审理案件以及民事二审速裁机制，但法律修改之前，仍要遵循合议制度。至于具体审判组织模式，司法实践中可以分为“立案庭模式”“业务庭模式”“速裁审判庭模式”三种。笔者认为“立案庭模式”更符合我国司法实践，立案庭模式是指在立案庭设置速裁合议庭。主要理由是：该模式与其他模式相比，能够最大限度地保证立、审衔接顺畅，使案

---

① 民事二审速裁，是指在对民事二审案件“繁简分流”后，对简单案件进行快速审理和裁判。上海市第二中级人民法院于2003年9月率先在全国进行了二审速裁机制的探索。其后，天津二中院、湖南株洲中院、河北邢台中院、福建福州中院等地法院也相继实行了该机制。

② 徐昕、徐昀：《非正式开庭研究》，载《比较法研究》2005年第1期，第73页。

件能够第一时间进行“繁简分流”。在具体人员配置上，鉴于速裁案件可能涉及不同案由并且对审判效率要求较高，因此应当选择民事审判经验丰富、有在不同业务庭工作经历、年富力强的法官加入。

3. 选案规则

选案是实现案件繁简分流目标的关键一环。具体选案规则为：一是将客观性标准与主观性标准相结合。民事诉讼法及司法解释规定了二审可以不予开庭审理的条件和具体情形，其中有些是具有可操作性的客观条件，包括没有提出新的证据、事实和理由，属于程序审、程序严重违法，也有些是内涵不明确需要法官主观判断的，如“上诉理由明显不成立”。在实践中民事二审速裁范围还应当包括一审简易程序案件上诉、案情简单、对事实争议不大或者对只对适用法律有争议的案件，但法官还要结合社会关注度、是否有关联案件、是否有上访闹访苗头等因素进行衡量。二是将依职权与依申请相结合。为了保证当事人适度参与，要赋予当事人一定的程序选择权，是否纳入二审速裁机制虽最终仍由法院决定，但双方当事人均申请或均不同意的，只要不违反公共利益，一般情况下应当予以准许。三是将立案庭庭长选案与合议庭审判长复核相结合。为了防止请托和人情干预，可由立案庭庭长负责初选，速裁合议庭审判长复核。

4. 审理模式

集中审理又称为不间断审理，是大陆法系和英美法系国家普遍采取的审理方式和原则，是指“在处理案件时，应当持续地集中地进行言词辩论，中间不得间断和拖延，待该案终了后再审理其他案件”①。与当前的分割模式相比，集中审理模式更适合二审速裁机制，原因在于：其一，便于案件得到迅速、公正审理，与二审速裁的价值追求相契合；其二，利于凭借新鲜的记忆和真实的内心确信形成正确的裁判；其三，保证案件从分案到宣判各个阶段连续不间断进行，有效杜绝了案件受到外界不当干预、法官私下接触当事人的程序漏洞，有利于增进当事人对二审速裁机制的信任。

（二）微观设计：民事二审速裁机制的主要环节

民事二审速裁机制的具体流程包括选案、庭前准备、分案、开庭询问等十个环节（如图 2 所示）。在此仅对其中的主要环节进行探讨。

---

① 参见王亚新：《民事诉讼准备程序研究》，载《中外法学》2000 年第 2 期，第 29 页。

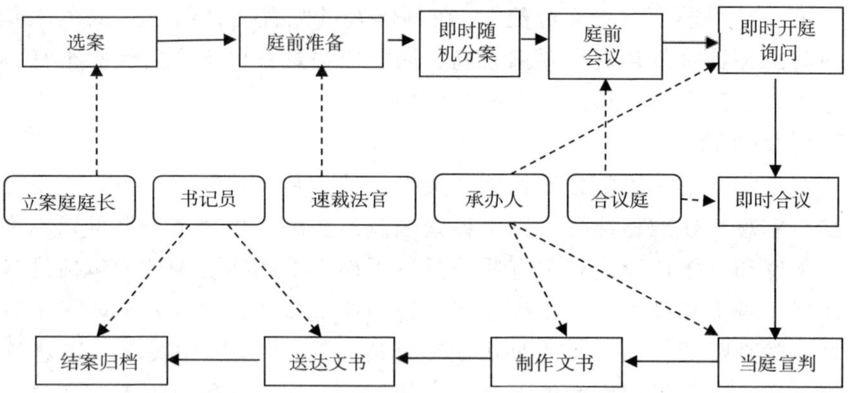

图 2　民事二审速裁案件审理流程

1. 庭前准备

二审速裁案件采取“庭前准备 + 开庭询问”程序结构，其意义在于，“使得诉讼的阶段性功能得以界分，以及当事人与法官在诉讼中的角色、作用得以明晰，从而改变了过去准备性诉讼行为与审理性诉讼行为的交替进行所带来的程序上的混乱”[①]。庭前准备的内容有两方面：一是实体性准备，包括初步总结争议焦点、庭前调查、调解；二是程序性准备，主要是开庭询问排期，送达文书，与当事人进行沟通，确定是否同意适用二审速裁程序、是否有新证据提交在与当事人接触后对其思想状况是否稳定、是否适宜速裁、是否当庭宣判进行初步研判。

庭前准备人员可借鉴法国预审法官制度，由速裁合议庭法官定期轮流担任，只负责庭前准备不介入案件审理，其目的是防止出现先定后审、人情干预、权力寻租等问题。为了实现庭前准备人员和合议庭成员之间的信息共享，可建立庭前会议制度，主要内容是庭前准备人员向合议庭成员介绍庭前准备中获得的案件信息，合议庭进行交流讨论后拟定开庭询问的思路和重点。

2. 开庭询问

询问是不开庭审理的重点环节，也是民事二审速裁机制的核心部分。根据最低程序保障要求，询问环节应仿照普通案件进行庭审化改造，实行公开审理，并要求双方当事人都要参加。与普通开庭相比其特别之处在于，由承办法官一人出庭，实行简化的庭审流程。开庭询问也要保障当事人申请回避权利等诉讼权利，及时向当事人双方释明承办法官受合议庭委托进行开庭询问、案件

---

① 常怡主编：《比较民事诉讼法》，中国政法大学出版社 2002 年版，第 319 页。

采用二审速裁模式审理的情况，询问当事人是否提交新的证据，防止出现“裁判突袭”。庭审中首先要固定双方都没有争议的事实和法律问题，然后围绕当事人的争议焦点组织调查和辩论，根据情况可合并交叉进行。此外，为防止庭审异化，要坚决杜绝法官开庭询问时自审自记，只通知当事人一方出庭，在办公室询问等现象。另外，为杜绝承办法官在开庭询问前私下接触当事人，消除司法腐败隐患，分案时间可安排在开庭询问当天早上，通过电脑随机分案方式确定案件承办法官。

3. 当庭宣判

当庭宣判是二审速裁案件采取不间断审理模式的必然要求，也是“不间断审理的必然结果，没有当庭宣判的审理不是完整的不间断审理”①。当庭宣判对于二审速裁机制的意义还包括：进一步实现提高审判效率、节省诉讼成本的目标；促进整个审判过程的透明化、可视化，限制法官自由裁量权的滥用；有效防范外部不当干预，保障法官依法独立公正行使审判权；有利于消除当事人的“合理怀疑”，提升司法公信力。实现当庭宣判，前提是要进行即时合议。为了提高合议效率，可以采取集中合议方式，对合议庭成员各自承办的当天开庭询问案件同时进行合议，还可以依靠信息化手段，实行网上合议、短信合议，以有效解决合议时间冲突问题。合议庭合议后一致认为或者多数认为可以当庭宣判的，由承办法官向当事人宣布裁判结果、主要依据和理由。合议庭多数或一致意见认为不适合当庭宣判的，告知当事人择期宣判。

4. 程序转换

二审速裁案件转化为普通二审案件的时间点主要有两个：一是在庭前会议时，如果合议庭经过合议认为案件更适合开庭审理，则自动转为开庭审理案件；二是在案件开庭时，如果当事人提出了新的证据、事实和理由，承办法官要暂时休庭，与合议庭成员合议后决定是否转为普通开庭审理程序。转化后的案件可以一般由速裁合议庭开庭审理，特殊情况下可以移交相关的审判业务庭处理。为了防止滥用转化程序，可规定程序转化案件全年不得超过一定比例（如10%）。

四、结语

随着我国经济社会的发展和社会公众法律意识的提高，可以预见，今后一

① 谢阿桑：《论当庭宣判——以民事诉讼为视角》，西南政法大学2006年博士学位论文。

段时期诉讼案件数量仍会保持高速增长态势，人民法院实行案件繁简分流的迫切性也会愈加强烈。对于全国数百家中级法院而言，民事二审速裁机制在促进案件繁简分流、缓解“案多人少”压力、提升司法公信等方面蕴含着巨大的制度潜力。该项机制的建立和完善并非一夕之功，需要在司法实践中不断探索，但其已经为今后繁简分流相关司法政策的出台和诉讼程序的修正开启了一扇智慧之门，亟待法律人共同努力迈出改革的坚实步伐。

附件：

关于建立民事二审案件速裁机制的若干规定（建议稿）

为进一步提高审判效率，贯彻最高人民法院“难案精审、简案快审”的基本要求，完善民事二审案件的繁简分流程序，向社会公众提供公正、高效、经济、便捷的司法服务，根据最高人民法院司法改革相关精神，结合审判工作实际，现就建立民事二审案件速裁工作机制提出相关规定。

第一条 【民事二审速裁机制的定义】本意见所称民事二审速裁工作机制是指法院对二审民事案件进行繁简分流，对筛选出的简易案件按照特有的快速程序进行审理和裁判的工作机制。

第二条 【速裁案件审理的组织机构】速裁合议庭专门负责民事二审简易案件的审理，其内设在立案庭。

第三条 【速裁案件的适用范围】对民事二审程序审案件，应当按照速裁程序审理。对于事实清楚、法律关系明确、争议不大的民事二审实体案件可以适用速裁程序审理。

当事人双方均申请适用速裁程序审理的，在不违反公共利益的前提下应当准许适用速裁程序。

第四条 【速裁案件的排除范围】下列民事二审实体案件不适用速裁程序审理：

（一）无法与当事人直接取得联系的案件；

（二）有明显闹访苗头或涉及稳定的案件；

（三）立案后当事人强烈要求开庭经做工作无效的案件；

（四）知识产权、涉外（含港澳台）纠纷案件；

（五）公益诉讼案件；

（六）其他不宜适用速裁程序的案件。

第五条 【速裁案件的筛选】立案庭对基层法院移送上诉的二审程序审案件应直接移送速裁合议庭审理；对移送上诉的第四条所列案件应立案后移送相关审判庭审理。

立案庭对移送上诉的其他民事二审实体案件，应先交由立案庭庭长进行筛选。认为可以适用速裁程序的，交速裁合议庭审判长复核。复核后认为不适宜速裁的案件，应及时立案后移送相关审判庭。

速裁庭审判长不得向立案庭庭长推荐或者直接增加案件。筛选工作一般应在立案后 3 个工作日内完成。

第六条 【速裁案件的审理原则】速裁案件的审理应当依法组成合议庭，并遵循自愿、合法、高效、便民的原则。

第七条 【速裁案件的审理模式】速裁案件的审理采取承办法官开庭询问当事人的方式。

第八条 【庭前准备】开庭询问前的准备工作由案件审理合议庭以外的法官和法官助理负责。其主要职责包括归纳整理诉辩双方的主张、案件争议焦点、审理重点，对需要实地调查、勘验的还可进行调查、勘验，进行庭前调解，对案件分类，合理安排审理档期，了解当事人思想状况等工作。确定开庭日期后，以书面形式告知当事人该案件适用速裁机制审理。

第九条 【速裁案件的传唤方式】速裁案件的审理，可以采取打电话、发传真、短信等简便的方式传唤当事人、征求意见。但采取前述简便方式发送开庭通知的，未经当事人书面确认，不得作为按撤诉处理和缺席审理的依据。可与当事人预约审理时间，以方便当事人诉讼。

第十条 【排期】速裁案件的开庭排期工作应当在立案后的一个工作日内完成。

第十一条 【随机分案】速裁案件随机分案工作，应当于开庭当日且在开庭前完成；随机分案后，案件卷宗即应移交案件承办法官。

第十二条 【庭前会议】分案后，审判长即时组织召开庭前会议，庭前准备人员要向合议庭充分汇报庭前准备工作的相关信息。合议庭成员了解基本案情后，要初步确定庭审重点和审判思路，有疑问时可针对具体问题向庭前准备工作人员询问。对庭前会议内容要进行“原汁原味”的记录，作为考核、评查的依据。合议庭认为案件不符合速裁条件的，按照普通二审程序审理，或者及时向相关审判庭移送。相关审判庭不同意移送的，仍由合议庭按照普通二审程序审理。

第十三条 【即时开庭】庭前会议后案件即时进入开庭询问阶段。承办法官要明确告知当事人诉讼权利义务，询问各方当事人是否申请回避，保证当事人的陈述权、辩论权，调查和辩论两个阶段合并交叉进行，主要围绕当事人双方争议焦点展开。庭审中当事人提出新的证据、事实和理由的，由承办法官向合议庭汇报，由合议庭决定是否改为普通二审程序审理以及是否改由相关业务庭审理。

第十四条　【即时评议】合议庭对速裁案件的评议应当在休庭后即时进行，记录人员需“原汁原味”记录讨论内容。

第十五条　【当庭宣判】合议庭评议后，认为案件可当庭宣判的，应立即恢复庭审，由审判长宣告裁判结果。

当庭宣判的案件，除当事人当庭要求邮寄发送裁判文书的外，应当告知当事人或者诉讼代理人领取裁判文书的时间和地点以及逾期不领取的法律后果。上述情况，应当记入笔录。

合议庭认为不宜当庭宣判的案件，由审判长宣布择期宣判。

第十六条　【裁判文书】速裁案件裁判文书的制作应当力求简洁，可根据案件的不同情况适当简化。速裁案件调解书的制作可简要记明案由、当事人上诉请求及调解协议的具体内容，可不写案件事实、审理过程和证据情况。

第十七条　【结案工作】案件当庭宣判后，应及时录入结案信息及电子版结案文书，即可凭宣判笔录进行案件报结工作，以报送日作为结案日，并做好相应登记工作。

第十八条　【归档工作】案件报结后，应在 2 日内完成卷宗材料的归档工作，立案庭庭长对归档工作负总责，并及时进行督促、检查。

第十九条　【速裁案件的审限管理】速裁案件应自立案之日起 15 日内审结，特殊情况不超过 30 日。超过 30 日未能审结的，应当按照普通二审程序审理。

速裁合议庭按照普通二审程序审理的案件，全年不得超过结案总数的 10%。

第二十条　【速裁案件的调解】速裁案件的审理应坚持调解优先的原则，把调解作为速裁案件的首选结案方式和基本工作方法，但是根据案件的性质和当事人的实际情况不能调解的除外。

第二十一条　【速裁法官的释明义务】速裁法官应加强对当事人的释明工作，尤其对没有委托律师代理诉讼的当事人，应当对回避、自认、举证责任等相关内容向其作必要的解释或者说明，并在庭审过程中适当提示当事人正确行使诉讼权利、履行诉讼义务，指导当事人进行正常的诉讼活动。

第二十二条　【对速裁案件的监督】审判监督部门定期对速裁案件的庭前会议笔录和合议笔录进行抽查，发现存在“合而不议”问题的，纳入案件质量评查范围。为防止出现同案不同判的情况，速裁合议庭应与相关审判庭事先交换意见。

第二十三条 【速裁合议庭的审判管理指标和考核】速裁合议庭的各项审判管理指标由审判管理部门报审判委员会讨论决定。速裁合议庭审判、辅助人员的指标考核工作由政治部门负责。

第二十四条 【实施日期】本规定自印发之日起开始实施。

（责编：李飞　审校：王果）

土地承包经营权之若干立法建议

庄锦秀*

一、前言

历史法学派兴起形成民法学，而民法之法典化理应归功于概念法学。[①] 概念法学有两个主要来源：一个是注释法学派的1804年法国民法典，另一个是德国潘德克顿法学派（Pandektenrecht），[②] 细观概念法学具有五大特征：其一，在法源问题上，独尊国家制定的成文法，特别是法典，即以国家的制定法为唯一法源，排斥习惯法和判例。其二，强调法律体系具有逻辑自足性，即认为无论社会生活中发生什么案件，均可依逻辑方法从现在的法律体系获得解决，不承认法律有漏洞。其三，对于法律解释，着重于形式逻辑的操作强调文义解释和体系解释方法，排除解释者对具体案件的利益衡量及目的考虑。其四，否定法官的能动作用，将法官视为适用法律的机械，只能对立法者所制定的法规作三段论的逻辑操作，遇有疑义时亦以立法者意思为依归，否定司法活动的造法功能。其五，认为法学系纯粹的理论认识活动，不具有实践的性质，无须进行价值判断。[③] 即便概念法学本质上有其缺失，但不可否认的是其代表的法律形式理性对大陆法系民法法典化及物权法制度的形成所起到的作用，例如，法德

---

* 庄锦绣，开南大学法律学系暨法研所专任助理教授。

① 参见尹田：《物权法理论评析与思考》，中国人民大学出版社2004年版，第9页。

② 参见梁彗星：《民法解释学》（第4版），法律出版社2015年版，第59页。

③ 参见梁彗星：《民法解释学》（第4版），法律出版社2015年版，第63页。

民法典。[①]

中国大陆古代法律是实质伦理法，并不存在法律形式理性主义的历史传统，历经1949年以后的法律虚无主义时代，1999年9月中国物权法起草工作正式启动[②]。2007年3月16日第十届全国人民代表大第五次会议通过物权法，[③] 2007年3月16日中华人民共和国主席令第六十二号公布，自2007年10月1日起施行。全文共247条，法律体系框架类似德国民法物权法及中国台湾地区“物权法”。不过，有些部分却为中国大陆独有，如将土地承包经营权置于物权法的用益物权编内。[④] 2007年物权法第一次在法律上明确宣示土地承包经营权是一种用益物权，明确其物权的性质及地位，这也是对大陆土地承包经营制度的重大完善。[⑤]

中国大陆农村集体土地承包经营权（以下简称“土地承包经营权”）是指农村集体成员为从事种植业、林业、畜牧业，通过与集体签订承包合同的方式而对其承包的集体所有或者国家所有而由农民集体使用的土地所享有的占有、使用、收益和处分的权利，它是中国农村集体经济组织实行土地承包制的产物，是大陆独特法制发展历程中的法律现象。[⑥]

从而，土地承包经营权是公民和集体经济组织依法对农民集体所有，或国家所有依法由农民集体使用的土地所享有的占有、使用、收益的权利。[⑦] 观诸《民法通则》第80条第2款规定“公民、集体依法对集体所有的或者国家所有由集体使用的土地的承包经营权，受法律保护。承包双方的权利和义务，依照法律由承包合同规定”，基于此，法律上确认土地承包经营权制度，然从民法通则该条意旨产生的土地承包经营权性质究属债权抑或物权，学者间容有争议。[⑧] 随着2002年8月29日通过农村土地承包法，对土地承包经营权某些物权特征加以确认，然而并未明确其性质。直至《物权法》第11章明确规范土地承包经营权，从此正式定论土地承包经营权属于物权性质，如此一来，非但能防止发包方或第三人对承包方的随意侵害，从而有利于保护承包经营权人权

① 参见尹田：《物权法理论评析与思考》，中国人民大学出版社2004年版，第14页。

② 参见尹田：《物权法理论评析与思考》，中国人民大学出版社2004年版，第15页。

③ 参见王利明：《物权法》，中国人民大学出版社2015年版，第3页。

④ 参见申卫星：《物权法原理》，中国人民大学出版社2008年版，第272页。

⑤ 参见王利明：《物权法》，中国人民大学出版社2015年版，第226页。

⑥ 参见刘俊、胡大武：《中国大陆农村集体土地承包经营权现状及未来》，载《东海大学法学研究》2007年第27期，第151－152页。

⑦ 参见申卫星：《物权法原理》，中国人民大学出版社2008年版，第272页；《物权法》第124、125条。

⑧ 参见申卫星：《物权法原理》，中国人民大学出版社2008年版，第273页。

益，且同时使土地承包经营关系物权化更趋近稳定，增强承包经营人“恒心”，防止短期行为破坏土地，提高土地利用效率，同时更有效率地促进土地承包经营权的流转。[①]

承上所述，“土地承包经营权”一词初始于1986年4月12日第六届全国人民代表大会第四次会议通过，1986年4月12日中华人民共和国主席令第三十七号公布，自1987年1月1日起施行《民法通则》。然而，涉及土地承包经权重要相关法规尚有宪法、[②] 农村土地承包法、[③] 农村土地承包经营权流转管理办法、[④] 土地管理法、[⑤] 土地管理法实施条例、[⑥] 渔业法、[⑦] 森林法、[⑧] 草原

---

① 参见申卫星:《物权法原理》，中国人民大学出版社2008年版，第273页；丁关良:《〈物权法〉中“土地承包经营权”制度评析》，载《淮阴师范学院学报》（哲学社会科学版）2008年第1期，第77页。我国台湾地区相类似论述，请详参谢哲胜:《中华人民共和国物权法综合评析》，收入谢哲胜:《财产法专题研究》（六），第283页，《台湾“财产法”暨经济法研究丛书》（十七），中国人民大学出版社2008年版。

② 1982年12月4日全国人民代表大会公告公布施行，最近一次修正于2004年3月14日第十届全国人民代表大会第二次会议通过的《中华人民共和国宪法修正案》修正，载http://www.gov.cn/gongbao/content/2004/content_62714.htm，最后访问日期为2017年3月11日。

③ 2002年8月29日第九届全国人民代表大会常务委员会第二十九次会议通过，2002年8月29日中华人民共和国主席令第七十三号公布，自2003年3月1日起施行。

④ 2005年1月7日经农业部第2次常务会议审议通过，2005年1月19日中华人民共和国农业部令第47号公布，自2005年3月1日起施行，载http://www.moa.gov.cn/zwllm/tzgg/bl/200501/t20050126_311817.htm，最后访问日期为2017年3月11日。

⑤ 1986年6月25日第六届全国人民代表大会常务委员会第十六次会议通过，最近一次修正于2004年8月28日第十届全国人民代表大会常务委员会第十一次会议《关于修改〈中华人民共和国土地管理法〉的决定》第二次修正，载http://www.npc.gov.cn/wxzl/gongbao/2004-10/21/content_5334569.htm，最后访问日期为2017年3月11日。

⑥ 1998年12月27日中华人民共和国国务院令第256号发布，最近一次修正根据2011年1月8日《国务院关于废止和修改部分行政法规的决定》修订，载http://big5.gov.cn/gate/big5/www.gov.cn/gongbao/content/2011/content_1860861.htm，最后访问日期为2017年3月11日。

⑦ 1986年1月20日第六届全国人民代表大会常务委员会第十四次会议通过，于1986年1月20日中华人民共和国主席令第三十四号公布，自1986年7月1日起施行，载http://law.npc.gov.cn/FLFG/flfgByID.action?txtid=1&flfgID=541&showDetailType=QW，最后访问日期为2017年3月11日。

⑧ 1984年9月20日第六届全国人民代表大会常务委员会第七次会议通过，最近一次修正根据1998年4月29日第九届全国人民代表大会常务委员会第二次会议《关于修改〈中华人民共和国森林法〉的决定》修正，载http://www.gov.cn/banshi/2005-09/13/content_68753.htm，最后访问日期为2017年3月11日。

法、[①] 农业法、[②] 农村土地承包经营纠纷调解仲裁法[③]等，此外另有最高人民法院《关于审理涉及农村土地承包纠纷案件适用法律问题的解释》[④]、最高人民法院《关于审理涉及农村土地承包经营纠纷调解仲裁案件适用法律若干问题的解释》[⑤]、最高人民法院《关于适用〈中华人民共和国民事诉讼法〉的解释》[⑥]、最高人民法院《关于适用〈中华人民共和国行政诉讼法〉若干问题的解释》、[⑦] 最高人民法院《关于适用〈中华人民共和国物权法〉若干问题的解释（一）》，[⑧] 基于时间及个人能力考虑，以下论述以《物权法》第 11 章的内容为探讨核心，仅在必要范围内做上述其他法规引论，进而对土地承包经营权的现制、面临的问题展开论述。

---

① 1985 年 6 月 18 日第六届全国人民代表大会常务委员会第十一次会议通过，2002 年 12 月 28 日第九届全国人民代表大会常务委员会第三十一次会议修订，载 http：//www. npc. gov. cn/wxzl/gongbao/2002 - 12/30/content_ 5304806. htm，最后访问日期为 2017 年 3 月 11 日。

② 1993 年 7 月 2 日第八届全国人民代表大会常务委员会第二次会议通过，2002 年 12 月 28 日第九届全国人民代表大会常务委员会第三十一次会议修订，2002 年 12 月 28 日中华人民共和国主席令第八十一号公布自 2003 年 3 月 1 日起施行，载 http：//www. gov. cn/banshi/2005 - 09/12/content_ 69776. htm，最后访问日期为 2017 年 3 月 11 日。

③ 2009 年 6 月 27 日中华人民共和国第十一届全国人民代表大会常务委员会第九次会议通过，2009 年 6 月 27 日中华人民共和国主席令第十四号公布，自 2010 年 1 月 1 日起施行，载 http：//www. gov. cn/flfg/2009 - 06/27/content_ 1351869. htm，最后访问日期为 2017 年 3 月 11 日。

④ 2005 年 3 月 29 日最高人民法院审判委员会第 1346 次会议通过，2005 年 7 月 29 日最高人民法院法释〔2005〕6 号公布，自 2005 年 9 月 1 日起施行，载 http：//www. npc. gov. cn/huiyi/lfzt/nctdcb-jyjfzcfca/2008 - 12/18/content_ 1462611. htm，最后访问日期为 2017 年 3 月 11 日。

⑤ 2013 年 12 月 27 日最高人民法院审判委员会第 1601 次会议通过，2014 年 1 月 9 日最高人民法院法释〔2014〕1 号公布，自 2014 年 1 月 24 日起施行，载 http：//www. court. gov. cn/fabu - xiangqing - 6134. html，最后访问日期为 2017 年 3 月 11 日。

⑥ 2014 年 12 月 18 日由最高人民法院审判委员会第 1636 次会议通过，2015 年 1 月 30 日最高人民法院法释〔2015〕5 号公布，自 2015 年 2 月 4 日起施行，载 http：//www. court. gov. cn/fabu - xiangqing - 13241. html，最后访问日期为 2017 年 3 月 11 日。

⑦ 2015 年 4 月 20 日由最高人民法院审判委员会第 1648 次会议通过，2015 年 4 月 22 日最高人民法院法释〔2015〕9 号公布，自 2015 年 5 月 1 日起施行，载 http：//www. court. gov. cn/fabu - xiangqing - 14294. html，最后访问日期为 2017 年 3 月 11 日。

⑧ 2015 年 12 月 10 日由最高人民法院审判委员会第 1670 次会议通过，2016 年 2 月 22 日最高人民法院法释〔2016〕5 号公布，自 2016 年 3 月 1 日起施行，载 http：//www. court. gov. cn/fabu - xiangqing - 16672. html，最后访问日期为 2017 年 3 月 11 日。

二、土地承包经营权现制概述

（一）土地承包经营权特征

土地承包经营权虽为用益物权一种，但因其具有特殊特征，与其他用益物权不同。分析各特征于下：①

1. 目的特殊性

权利人设立目的基于从事各项农业生产，此参《物权法》第125条②规定意旨自明。另有学者认为土地承包经营权系从事农业生产，因而权利人行使权利的过程中，应当维持土地农业用途，不得将土地用于非农业建设及生产。③

2. 生效特殊性

土地承包经营权设立生效自承包合同生效时，不采公示生效原则。

3. 主体特殊性

可包括型态有：（1）家庭承包经营关系中的主体，承包人属于集体经济组织的成员；（2）集体经济组织，于四荒土地承包情形；（3）集体经济组织的成员具优先权，承包人无限制资格。④ 物权法所规定土地承包经营权人概念，不仅更具包容性，而且为未来变化预留空间。⑤

4. 内容特殊性

内容仅包括使用及收益权但不包括处分权。至于土地承包经营权地流转，基于维护耕地及保护农民长远利益考虑，仅于符合《物权法》第180条第1款第3项“以招标、拍卖、公开协商等方式取得的荒地等土地承包经营权”情形下方能成为抵押财产内容。另有学者认为物权法仅对土地承包经营权为基本规定，承包合同具体内容当事人仍需由承包合同具体化及完善化。⑥

5. 客体特殊性

《物权法》第124条规定意旨，主要是农村集体所有土地，也包括国家所有交给集体使用的土地，及其他农业用地（四荒土地）。学者认为这里解释上

---

① 参见王利明：《物权法》，中国人民大学出版社2015年版，第226－228页。

② 《物权法》第125条 土地承包经营权人依法对其承包经营的耕地、林地、草地等享有占有、使用和收益的权利，有权从事种植业、林业、畜牧业等农业生产。

③ 参见江平：《中华人民共和国物权法精解》，中国政法大学出版社2007年版，第167页。

④ 参见姚红：《中华人民共和国物权法精解》，中国人民大学出版社2007年版，第241页。

⑤ 参见王利明：《物权法》，中国人民大学出版社2015年版，第228页。

⑥ 参见李显冬：《中国物权法要义与案例释解》，法律出版社2007年版，第201页。

应不包括地上及地下空间的利用权。[①] 唯学者王利明认为此土地承包经营权内容，会随日后多元经营方式而扩大，凡是法律规定可以由集体组织或公民承包经营的土地，均可以成为土地承包经营权的客体。[②]

6. 期限特殊性

依《物权法》第 126 条规定设有土地承包经营权法定期间，原则并无法任由发包人及承包人通过承包合同任意延长期间。

（二）土地承包经营法律关系主体

1. 原则

土地承包经营法律关系主体原则上是发包人及土地承包经营权人，二者间具有身份上特定性。细绎言之，观诸《农村土地承包法》第 12 条规范[③]意旨，发包主体限于农村集体经济组织、或村民委员会、或村民小组；而承包主体系采该农村集体经济组织内家庭承包，即农村承包经营户，须具有该农村集体经济组织内部成员身份 。

2. 例外

有三种例外情形，依《土地管理法》第 15 条第 2 款规范[④]意旨，必须经村民会议 2/3 以上成员或者 2/3 以上村民代表的同意，并报乡（镇）人民政府批准。又依《农村土地承包经营权流转管理办法》第 9 条规范意旨，在同等条件下，本集体经济组织成员享有优先权。[⑤]

---

① 参见梅夏英、高圣平：《物权法教程》，中国人民大学出版社 2007 年版，第 217 页。

② 参见王利明：《物权法》，中国人民大学出版社 2015 年版，第 228 页。

③ 《农村土地承包法》第 12 条　农民集体所有的土地依法属于村农民集体所有的，由村集体经济组织或者村民委员会发包；已经分别属于村内两个以上农村集体经济组织的农民集体所有的，由村内各该农村集体经济组织或者村民小组发包。村集体经济组织或者村民委员会发包的，不得改变村内各集体经济组织农民集体所有的土地的所有权。国家所有依法由农民集体使用的农村土地，由使用该土地的农村集体经济组织、村民委员会或者村民小组发包。

④ 《土地管理法》第 15 条　国有土地可以由单位或者个人承包经营，从事种植业、林业、畜牧业、渔业生产。农民集体所有的土地，可以由本集体经济组织以外的单位或者个人承包经营，从事种植业、林业、畜牧业、渔业生产。发包方和承包方应当订立承包合同，约定双方的权利和义务。土地承包经营的期限由承包合同约定。承包经营土地的单位和个人，有保护和按照承包合同约定的用途合理利用土地的义务。农民集体所有的土地由本集体经济组织以外的单位或者个人承包经营的，必须经村民会议三分之二以上成员或者三分之二以上村民代表的同意，并报乡（镇）人民政府批准。

⑤ 《农村土地承包经营权流转管理办法》第 9 条　农村土地承包经营权流转的受让方可以是承包农户，也可以是其他按有关法律及有关规定允许从事农业生产经营的组织和个人。在同等条件下，本集体经济组织成员享有优先权。

(1) 承包经营客体属于四荒类型农村土地

观诸《农村土地承包法》第3条第2款规范[①]意旨，属荒山、荒沟、荒丘、荒滩农村土地采取招标、拍卖、公开协商等方式承包。从而，解释上此时有非集体经济组织单位或个人成为承包主体可能。

(2) 家庭承包者已取得土地承包经营权的流转情形

观诸《农村土地承包法》第32[②]、33[③]条规范意旨，已取得土地承包经营权之家庭承包主体得依法将此土地承包经营权流转给有农业经营能力的非该集体经济组织内部成员或单位，以转包、出租、互换、转让或其他方式为之。

(3) 已取得承包经营权的妇女于承包期间发生失去特定身份时，观诸《农村土地承包法》第30条规范[④]意旨，承包期间存续中，妇女因结婚倘若在新居住地尚未取得承包地的，发包方不得收回其原承包地；妇女离婚或者丧偶，仍在原居住地生活或者不在原居住地生活但在新居住地未取得承包地的，发包方不得收回其原承包地。该妇女虽已成为其他集体经济成员，只要尚未取得其他集体经济内土地承包经营权，仍不丧失其原已取得的土地承包经营权。

(三) 土地承包经营法律关系客体

观诸《物权法》第124条第2款规范[⑤]意旨，有两类客体：一类为农民集体所有和国家所有由农民集体使用的耕地、林地、草地；另一类为依其他用于农业地土地，如前述《农村土地承包法》第3条第2款规范意旨所指荒山、

---

① 《农村土地承包法》第3条 国家实行农村土地承包经营制度。农村土地承包采取农村集体经济组织内部的家庭承包方式，不宜采取家庭承包方式的荒山、荒沟、荒丘、荒滩等农村土地，可以采取招标、拍卖、公开协商等方式承包。

② 《农村土地承包法》第32条 通过家庭承包取得的土地承包经营权可以依法采取转包、出租、互换、转让或者其他方式流转。

③ 《农村土地承包法》第33条 土地承包经营权流转应当遵循以下原则：

(一) 平等协商、自愿、有偿，任何组织和个人不得强迫或者阻碍承包方进行土地承包经营权流转；

(二) 不得改变土地所有权的性质和土地的农业用途；

(三) 流转的期限不得超过承包期的剩余期限；

(四) 受让方须有农业经营能力；

(五) 在同等条件下，本集体经济组织成员享有优先权。

④ 《农村土地承包法》第30条 承包期内，妇女结婚，在新居住地未取得承包地的，发包方不得收回其原承包地；妇女离婚或者丧偶，仍在原居住地生活或者不在原居住地生活但在新居住地未取得承包地的，发包方不得收回其原承包地。

⑤ 《物权法》第124条 农村集体经济组织实行家庭承包经营为基础、统分结合的双层经营体制。农民集体所有和国家所有由农民集体使用的耕地、林地、草地以及其他用于农业的土地，依法实行土地承包经营制度。

荒沟、荒丘、荒滩农村土地等地。

（四）土地承包经营法律关系主体间权利义务

以下分为以家庭承包方式及非家庭承包方式二者，以物权法及农村土地承包法相关规定为论述范围。

1. 以家庭承包方式

（1）发包方权利义务

观诸《农村土地承包法》第13条规范[①]意旨，发包方权利：发包本集体所有的或者国家所有依法由本集体使用的农村土地；监督承包方依照承包合同约定的用途合理利用和保护土地；制止承包方损害承包地和农业资源的行为；法律、行政法规规定的其他权利。

观诸《农村土地承包法》第14条规范[②]意旨，发包方承担下列义务：维护承包方的土地承包经营权，不得非法变更、解除承包合同；尊重承包方的生产经营自主权，不得干涉承包方依法进行正常的生产经营活动；依照承包合同约定为承包方提供生产、技术、信息等服务；执行县、乡（镇）土地利用总体规划，组织本集体经济组织内的农业基础设施建设；法律、行政法规规定的其他义务。

观诸《物权法》第130[③]、131[④]条规范意旨，再确认发包人忍受义务，即承包期间除法律另有规定外，不得调整及回收承包权。此处法律另有规定的情形，例如，《物权法》第130条第2款因自然灾害严重损害承包地等情形，经

---

① 《农村土地承包法》第13条　发包方享有下列权利：

（一）发包本集体所有的或者国家所有依法由本集体使用的农村土地；

（二）监督承包方依照承包合同约定的用途合理利用和保护土地；

（三）制止承包方损害承包地和农业资源的行为；

（四）法律、行政法规规定的其他权利。

② 《农村土地承包法》第14条　发包方承担下列义务：

（一）维护承包方的土地承包经营权，不得非法变更、解除承包合同；

（二）尊重承包方的生产经营自主权，不得干涉承包方依法进行正常的生产经营活动；

（三）依照承包合同约定为承包方提供生产、技术、信息等服务；

（四）执行县、乡（镇）土地利用总体规划，组织本集体经济组织内的农业基础设施建设；

（五）法律、行政法规规定的其他义务。

③ 《物权法》第130条　承包期内发包人不得调整承包地。

因自然灾害严重毁损承包地等特殊情形，需要适当调整承包的耕地和草地的，应当依照农村土地承包法等法律规定办理。

④ 《物权法》第131条　承包期内发包人不得收回承包地。农村土地承包法等法律另有规定的，依照其规定。

履践《农村土地承包法》第 27 条第 2 款[①]所规定的程序，可适当调整承包耕地和草地。又承包期间承包方全家迁入设区的市，属非农业户口时，依《农村土地承包法》第 26 条[②]规定须将承包耕地及草地交回发包方。倘若承包方不交回时，发包方得收回耕地及草地，若承包方对该承包地已投入而提升土地生产力时，可请求相当的补偿。另承包期间内，个别承包经营者之间承包土地进行适当调整时，亦须履践《土地管理法》第 14 条第 2 款[③]规定之程序。

（2）承包方权利义务

承包方权利有：依法享有承包土地占有、使用及收益权利并自主组织生产经营;[④] 领取土地承包经营权流转后所生补偿费。[⑤] 依法律或行政法规之其他

---

① 《农村土地承包法》第 27 条　承包期内，发包方不得调整承包地。

承包期内，因自然灾害严重毁损承包地等特殊情形对个别农户之间承包的耕地和草地需要适当调整的，必须经本集体经济组织成员的村民会议三分之二以上成员或者三分之二以上村民代表的同意，并报乡（镇）人民政府和县级人民政府农业等行政主管部门批准。承包合同中约定不得调整的，按照其约定。

② 《农村土地承包法》第 26 条　承包期内，发包方不得收回承包地。承包期内，承包方全家迁入小城镇落户的，应当按照承包方的意愿，保留其土地承包经营权或者允许其依法进行土地承包经营权流转。承包期内，承包方全家迁入设区的市，转为非农业户口的，应当将承包的耕地和草地交回发包方。承包方不交回的，发包方可以收回承包的耕地和草地。

承包期内，承包方交回承包地或者发包方依法收回承包地时，承包方对其在承包地上投入而提高土地生产能力的，有权获得相应的补偿。

③ 《土地管理法》第 14 条　农民集体所有的土地由本集体经济组织的成员承包经营，从事种植业、林业、畜牧业、渔业生产。土地承包经营期限为三十年。发包方和承包方应当订立承包合同，约定双方的权利和义务。承包经营土地的农民有保护和按照承包合同约定的用途合理利用土地的义务。农民的土地承包经营权受法律保护。在土地承包经营期限内，对个别承包经营者之间承包的土地进行适当调整的，必须经村民会议三分之二以上成员或者三分之二以上村民代表的同意，并报乡（镇）人民政府和县级人民政府农业行政主管部门批准。

④ 参酌《物权法》第 125 条后段。全条内容：土地承包经营权人依法对其承包经营的耕地、林地、草地等享有占有、使用、收益的权利，有权从事种植业、林业、畜牧业等农业生产。

⑤ 最高人民法院《关于审理涉及农村土地承包纠纷案件适用法律问题的解释》第 22 条　承包地被依法征收，承包方请求发包方给付已经收到的地上附着物和青苗的补偿费的，应予支援。承包方已将土地承包经营权以转包、出租等方式流转给第三人的，除当事人另有约定外，青苗补偿费归实际投入人所有，地上附着物补偿费归附着物所有人所有。

权利[1]，例如，提起行政诉讼权利等。[2]

承包方义务有：

维持土地的农业用途，不得用于非农建设；依法保护和合理利用土地，不得给土地造成永久性损害；法律、行政法规规定的其他义务。[3]

2. 非家庭承包方式

此部分通过招标、拍卖、公开协商等方式承包，如前述相关规范，双方当事人均遵守法律规范围内协商彼此权利义务。

（五）土地承包经营权之取得

1. 依承包合同取得

土地承包经营权取得以发包方及承包方订立书面承包合同，系取得土地承包经营权最主要的方式。[4] 发包方与承包方通过承包合同确定双方具体的权利义务关系，然合同内容不得抵触法律规定，如承包期间之限制，[5] 倘若违反期限之限制，基于鼓励社会交易流通考虑，该合同并非无效，解释上仅是逾越期限约定部分无效。

家庭承包合同依《农村土地承包法》第21条[6]规定系采书面合同方式。

---

① 最高人民法院《关于适用〈中华人民共和国行政诉讼法〉若干问题的解释》第11条第2款、《农村土地承包法》第16条、《物权法》第125、128、132条。

② 最高人民法院《关于适用〈中华人民共和国行政诉讼法〉若干问题的解释》第11条 行政机关为实现公共利益或者行政管理目标，在法定职责范围内，与公民、法人或者其他组织协商订立的具有行政法上权利义务内容的协议，属于行政诉讼法第十二条第一款第十一项规定的行政协议。公民、法人或者其他组织就下列行政协议提起行政诉讼的，人民法院应当依法受理：

（一）政府特许经营协议；

（二）土地、房屋等征收征用补偿协议；

（三）其他行政协议。

③ 《农村土地承包法》第17条，《物权法》第128条。

④ 参见申卫星：《物权法原理》，中国人民大学出版社2008年版，第274页。

⑤ 《物权法》第126条和《农村土地承包法》第20条对土地承包期间的规定，耕地的承包期为30年；草地的承包期为30年至50年；林地的承包期为30年至70年，特殊林木的林地承包期，经国务院林业行政主管部门批准可以延长。

⑥ 《农村土地承包法》第21条 发包方应当与承包方签订书面承包合同。承包合同一般包括以下条款：

（一）发包方、承包方的名称，发包方负责人和承包方代表的姓名、住所；

（二）承包土地的名称、坐落、面积、质量等级；

（三）承包期限和起止日期；

（四）承包土地的用途；

（五）发包方和承包方的权利和义务；

（六）违约责任。

至于，承包经营权取得时间点，系属《物权法》第 9 条第 1 款但书情形，① 为物权登记要件之例外。又依《物权法》第 127 条第 1 款规定，土地承包经营权自土地承包经营权合同生效时设立。是故，承包经营权取得时间点关键在承包经营合同生效时点。再按，《合同法》第 25、② 44 条③规定，承诺意思表示成立生效时，合同成立，倘若无阻却合同生效法定情形（如特别生效要件等），合同成立时点同时生效。

承上合同法及物权法内容所述，土地承包经营权取得时间点系在发包人与承包人就土地承包经营权让与达成合意的时点。至于，《物权法》第 127 条第 2 款解释上似认为登记仅是对该承包经营权确认，属于登记对抗要件。另基于保障村集体及村民利益考虑，针对土地承包经营权合同签订过程所生争议设置救济相应程序规定，如《农村土地承包法》第 18、48 条、《土地管理法》第 14、15 条等规定，在此暂不予深论。

2. 因继承取得

某些未超过承包期的土地承包经营权可通过继承取得。《农村土地承包法》第 31 条④规定情形下，解释上当林地承包人于承包期间内发生死亡情事，其继承人得通过《物权法》第 133 条招标、拍卖、公开协商等方式取得于承包期间内之承包经营权。

（六）土地承包经营权之流转

1. 家庭承包方式的设定土地承包经营权流转

《物权法》第 128 条⑤的规定赋予了承包经营权人对所享有的承包经营权流转的权利。而《农村土地承包法》第三章第五节则专节针对家庭承包方式的土地承包经营权流转设有规定，有关自主决定权于《农村土地承包法》第

---

① 《物权法》第 9 条　不动产物权的设立、变更、转让和消灭，经依法登记，发生效力；未经登记，不发生效力，但法律另有规定的除外。依法属于国家所有的自然资源，所有权可以不登记。

② 《合同法》第 25 条　承诺生效时合同成立。

③ 《合同法》第 44 条　依法成立的合同，自成立时生效。法律、行政法规规定应当办理批准、登记等手续生效的，依照其规定。

④ 《农村土地承包法》第 31 条　承包人应得的承包收益，依照继承法的规定继承。林地承包的承包人死亡，其继承人可以在承包期内继续承包。

⑤ 《物权法》第 128 条　土地承包经营权人依照农村土地承包法的规定，有权将土地承包经营权采取转包、互换、转让等方式流转。流转的期限不得超过承包期的剩余期限。未经依法批准，不得将承包地用于非农建设。

34 条[①]规定内容有相类似规定。又依《农村土地承包法》第 36 条[②]规定意旨流转收益所得归承包人所有。

有关土地承包经营权之流转应遵循原则，则依《农村土地承包法》第 33 条规定意旨应遵循原则为：（1）平等协商、自愿、有偿，任何组织和个人不得强迫或者阻碍承包方进行土地承包经营权流转；（2）不得改变土地所有权的性质和土地的农业用途；（3）流转的期限不得超过承包期的剩余期限；（4）受让方须有农业经营能力；（5）在同等条件下，本集体经济组织成员享有优先权。

另依《物权法》第 128 条后段规定："未经依法批准，不得将承包地用于非农建设。"解释上倘若经批准时得改变土地的农用用途，参考《土地管理法》第 63 条[③]但书规定意旨，如符合土地利用的总体规划并依法取得建设用地的企业，因破产、兼并等情形致使土地使用权依法发生转移的情形。

土地承包经营权之流转，双方当事人须以书面方式的合同缔约，采取转让方式流转的，应当经发包方同意；采取转包、出租、互换或者其他方式流转的，应当向发包方备案，此参照《农村土地承包法》第 37 条[④]规定意旨自明。土地承包经营权互换转让等，依《物权法》第 129 条[⑤]规定意旨，当事人要求登记时，应当向县级以上地方人民政府申请土地承包经营权变更登记；未经登

---

① 《农村土地承包法》第 34 条　土地承包经营权流转的主体是承包方。承包方有权依法自主决定土地承包经营权是否流转和流转的方式。

② 《农村土地承包法》第 36 条　土地承包经营权流转的转包费、租金、转让费等，应当由当事人双方协商确定。流转的收益归承包方所有，任何组织和个人不得擅自截留、扣缴。

③ 《土地管理法》第 63 条　农民集体所有的土地的使用权不得出让、转让或者出租用于非农业建设；但是，符合土地利用总体规划并依法取得建设用地的企业，因破产、兼并等情形致使土地使用权依法发生转移的除外。

④ 《农村土地承包法》第 37 条　土地承包经营权采取转包、出租、互换、转让或者其他方式流转，当事人双方应当签订书面合同。采取转让方式流转的，应当经发包方同意；采取转包、出租、互换或者其他方式流转的，应当报发包方备案。

土地承包经营权流转合同一般包括以下条款：

（一）双方当事人的姓名、住所；

（二）流转土地的名称、坐落、面积、质量等级；

（三）流转的期限和起止日期；

（四）流转土地的用途；

（五）双方当事人的权利和义务；

（六）流转价款及支付方式；

（七）违约责任。

⑤ 《物权法》第 129 条　土地承包经营权人将土地承包经营权互换、转让，当事人要求登记的，应当向县级以上地方人民政府申请土地承包经营权变更登记；未经登记，不得对抗善意第三人。

记，不得对抗善意第三人。是故，此项登记，亦属对抗要件非生效要件。相类似规定亦规范在《农村土地承包法》第38条。[①]

2. 其他方式设定土地承包经营权流转

《物权法》第133条[②]规定意旨，土地承包经营权通过招标、拍卖、公开协商等方式承包荒地等农村土地，依照农村土地承包法等法律和国务院的有关规定，其土地承包经营权可以转让、入股、抵押或者以其他方式流转。唯相较于相类规定《农村土地承包法》第49条[③]规定内容，《物权法》第133条未规定"出租"类型，遗留下"出租"是否为其他方式设定土地承包经营权流转的方式争议。

《农村土地承包法》第50条规定土地承包经营权通过招标、拍卖、公开协商等方式取得的，该承包人死亡，其应得的承包收益，依照继承法的规定继承；在承包期内，其继承人可以继续承包。

（七）土地承包经营权之消灭

1. 双方协议解除合同或约定，如《合同法》第93条。[④] 倘若承包人自愿解除承包合同，解释上需在6个月前告知发包人，此参照《农村土地承包法》第29条[⑤]规定自明。

2. 承包期届至而原承包人不愿续期，如最高人民法院《关于审理农业承包合同纠纷案件若干问题的规定（试行）》第13条规定。[⑥]

3. 承包人违反承包合同义务，如弃耕抛荒时，发包人得援引解除合同，

---

① 《农村土地承包法》第38条　土地承包经营权采取互换、转让方式流转，当事人要求登记的，应当向县级以上地方人民政府申请登记。未经登记，不得对抗善意第三人。

② 《物权法》第133条　通过招标、拍卖、公开协商等方式承包荒地等农村土地，依照农村土地承包法等法律和国务院的有关规定，其土地承包经营权可以转让、入股、抵押或者以其他方式流转。

③ 《农村土地承包法》第49条　通过招标、拍卖、公开协商等方式承包农村土地，经依法登记取得土地承包经营权证或者林权证等证书的，其土地承包经营权可以依法采取转让、出租、入股、抵押或者其他方式流转。

④ 《合同法》第93条　当事人协商一致，可以解除合同。当事人可以约定一方解除合同的条件。解除合同的条件成就时，解除权人可以解除合同。

⑤ 《农村土地承包法》第29条　承包期内，承包方可以自愿将承包地交回发包方。承包方自愿交回承包地的，应当提前半年以书面形式通知发包方。承包方在承包期内交回承包地的，在承包期内不得再要求承包土地。

⑥ 最高人民法院《关于审理农业承包合同纠纷案件若干问题的规定（试行）》第13条　对实行专业承包或者招标承包的承包方，在承包期满后对原承包经营的目标物在同等条件下主张优先承包经营权的，人民法院应当予以保护。

例如，《合同法》第 94 条、[①]《土地管理法》第 37 条[②]等。

4. 承包目标物不存在，如天灾灭失或被国家征收时，如《土地管理法》第 65 条。[③]

5. 承包人丧失资格发包人得收回承包地，如《农村土地承包法》第 26 条。[④]

三、土地承包经营权现制所面临问题及立法建议

（一）《物权法》第 11 章与其他相关法规关系

农村土地承包法及最高人民法院《关于审理涉及农村土地承包纠纷案件适用法律问题的解释》所指的“土地承包经营权”与《物权法》第 11 章“土

① 《合同法》第 94 条　有下列情形之一的，当事人可以解除合同：

（一）因不可抗力致使不能实现合同目的；

（二）在履行期限届满之前，当事人一方明确表示或者以自己的行为表明不履行主要债务；

（三）当事人一方迟延履行主要债务，经催告后在合理期限内仍未履行；

（四）当事人一方迟延履行债务或者有其他违约行为致使不能实现合同目的；

（五）法律规定的其他情形。

② 《土地管理法》第 37 条　禁止任何单位和个人闲置、荒芜耕地。已经办理审批手续的非农业建设占用耕地，一年内不用而又可以耕种并收获的，应当由原耕种该幅耕地的集体或者个人恢复耕种，也可以由用地单位组织耕种；一年以上未动工建设的，应当按照省、自治区、直辖市的规定缴纳闲置费；连续二年未使用的，经原批准机关批准，由县级以上人民政府无偿收回用地单位的土地使用权；该幅土地原为农民集体所有的，应当交由原农村集体经济组织恢复耕种。在城市规划区范围内，以出让方式取得土地使用权进行房地产开发的闲置土地，依照《中华人民共和国城市房地产管理法》的有关规定办理。承包经营耕地的单位或者个人连续二年弃耕抛荒的，原发包单位应当终止承包合同，收回发包的耕地。

③ 《土地管理法》第 65 条　有下列情形之一的，农村集体经济组织报经原批准用地的人民政府批准，可以收回土地使用权：

（一）为乡（镇）村公共设施和公益事业建设，需要使用土地的；

（二）不按照批准的用途使用土地的；

（三）因撤销、迁移等原因而停止使用土地的。依照前款第（一）项规定收回农民集体所有的土地的，对土地使用权人应当给予适当补偿。

④ 《农村土地承包法》第 26 条　承包期内，发包方不得收回承包地。

承包期内，承包方全家迁入小城镇落户的，应当按照承包方的意愿，保留其土地承包经营权或者允许其依法进行土地承包经营权流转。承包期内，承包方全家迁入设区的市，转为非农业户口的，应当将承包的耕地和草地交回发包方。承包方不交回的，发包方可以收回承包的耕地和草地。承包期内，承包方交回承包地或者发包方依法收回承包地时，承包方对其在承包地上投入而提高土地生产能力的，有权获得相应的补偿。

地承包经营权”关系有待进一步厘清。

1.《物权法》第11章

本质是用益物权，此为立法政策选择，并无疑义。此规定赋予土地承包经营权以物权性质的救济手段，将最大限度地保护土地承包经营权人的合法权益。[①]

2. 农村土地承包法

唯在物权法制定前即已存在农村土地承包法及最高人民法院《关于审理涉及农村土地承包纠纷案件适用法律问题的解释》所指的“土地承包经营权”，向来性质极具争议，有债权说、[②] 物权说[③]及二元说，通说采二元说（物权及债权说）。[④] 基于通说二元说前提下：（1）物权性质的土地承包经营权，它包括通过家庭承包方式取得的物权性质的土地承包经营权和通过其他方式承包并依法登记取得的物权性质的土地承包经营权。（2）债权性质的土地承包经营权，即以其他方式承包农村土地，未依法登记取得土地承包经营权证或者林权证等证书的承包方只享有债权性质的土地承包经营权，例如，承包菜地，承包期3年。[⑤]

3. 本文立法建议

基于物权法通过后，农村土地承包法及最高人民法院《关于审理涉及农村土地承包纠纷案件适用法律问题的解释》二者并未被废弃，且《物权法》第128、130、131、133条明文准用农村土地承包法相关规定，再加上《物权法》第11章并未对“土地承包经营权”内涵做定义性规定，是故，产生同样的“土地承包经营权”法律概念名词，在不同法规内有不同涵盖范围大小，容易造成实践层面上的争议。尤其是，从《物权法》第8条[⑥]规定意旨，按解释物权法是物权的基本法。解决方法有二：

（1）在物权法本章内增订“土地承包经营权”定义性条文。但采此种作法，将使得“土地承包经营权”定义性条文，适用空间容易变狭窄，欠缺弹

---

① 参见黄松有主编：《〈中华人民共和国物权法〉条文理解与适用》，人民法院出版社2007年版，第374页。

② 参见王家福、黄明川：《土地法的理论与实践》，人民日报出版社1991年版，第57页。

③ 参见梁慧星、陈华彬：《物权法》，法律出版社1997年版，第10–11页。

④ 参见丁关良：《农村土地承包经营权流转的法律思考——以〈农村土地承包法〉为主要分析依据》，载《中国农村经济》2003年第10期；丁关良：《土地承包经营权的特征与物权、债权性质差异——以〈农村土地承包法〉为分析依据》，载《改革》2004年第3期；胡宏伟：《关于物权性质的土地承包经营权的进一步讨论》，载《经济师》2006年第9期等。

⑤ 参见丁关良：《土地承包经营权基本问题研究》，浙江大学出版社2007年版，第282页。

⑥ 《物权法》第8条 其他相关法律对物权另有特别规定的，依照其规定。

性灵活度，无法因应未来社会多元经济活动。

（2）将农村土地承包法及最高人民法院《关于审理涉及农村土地承包纠纷案件适用法律问题的解释》两者有需要部分规定增订整理并入《物权法》第11章内，并将该两部法规及解释废除。不过，采此做法须就农地承包经营权实践运作全盘性审阅，尤其是各省自然环境、民间习惯等不同，建议尽量弹性化规范，以杜免发生日后无法律可援引或须频密修法的问题。

（二）《物权法》第126条内容所存疑义

《物权法》第126条①规定意旨，系针对家庭承包方式的承包时期，且按解释该法定承包期间属于强制性规定。因而，产生以其他方式取得土地承包经营权有无该强制性规定适用之疑义。

倘若依《物权法》第133条前段规定意旨依照农村土地承包法相关法律规定，进而，依据《农村土地承包法》第45条②规定意旨，承包期间由双方协议，从而，解释上因《物权法》第126条未就由其他方式取得土地承包经营权承包期间作规定，依《物权法》第133条前段规定依《农村土地承包法》第45条规定导出其他方式所取得土地承包经营权承包期间是通过双方协议结果。

承上所述，土地承包经营权承包期间是否适合因取得方式不同，家庭承包方式须恪守强制性承包期间，而通过其他方式承包的土地承包经营权则通过承包合同双方自由协议？

本文认为解释上宜认为其他方式承包期间，应比照庭承包方式须恪守强制性承包期间规定，修订本条建议增列第3款如下：

《物权法》第126条

耕地的承包期为三十年。草地的承包期为三十年至五十年。林地的承包期为三十年至七十年；特殊林木的林地承包期，经国务院林业行政主管部门批准可以延长。

前款规定的承包期届满，由土地承包经营权人按照国家有关规定继续承包。

---

① 《物权法》第126条　耕地的承包期为三十年。草地的承包期为三十年至五十年。林地的承包期为三十年至七十年；特殊林木的林地承包期，经国务院林业行政主管部门批准可以延长。前款规定的承包期届满，由土地承包经营权人按照国家有关规定继续承包。

② 《农村土地承包法》第45条　以其他方式承包农村土地的，应当签订承包合同。当事人的权利和义务、承包期限等，由双方协商确定。以招标、拍卖方式承包的，承包费通过公开竞标、竞价确定；以公开协商等方式承包的，承包费由双方议定。

有关以其他方式承包之土地承包经营权承包期间，准用前二项规定。有关《农村土地承包法》第45条承包期间有双方协议则相关规定可不适用之。

（三）《物权法》第127条第2款“登记”性质所存疑义

学者通说认为《物权法》土地承包经营权为物权登记要件之例外，且依《物权法》第127条第1款规定文义，土地承包经营权自承包经营权双方合同生效时即设立。因而，土地承包经营权设立不以登记为要件。[①] 从而，解释上本法该条第2款“登记造册”的登记本质属于行政管理登记概念，与《物权法》第129条条文内所使用“登记”性质是属物权法对于土地承包经营权设立或流转的概念不同。[②]

本文基于避免在同一章内使用相同“登记”名词，易造成解读疑义，建议立法修正为：

《物权法》第127条第2款

县级以上地方人民政府应当向土地承包经营权人发放土地承包经营权证、林权证、草原使用权证，并登录造册，确认土地承包经营权。

（四）《物权法》第132条内容所存疑义

有关《物权法》第132条规定承包地被征收的，土地承包经营权人有权依照本法第42条第2款的规定获得相应补偿。按《物权法》第42条[③]第2款规定征收集体所有的土地，应当依法足额支付土地补偿费、安置补助费、地上附着物和青苗的补偿费等费用，安排被征地农民的社会保障费用，保障被征地农民的生活，维护被征地农民的合法权益。从而，土地承包经营权人于承包土地征收时有权请求《物权法》第42条第2款所示各项补偿项目，唯该等补偿项目中“安排被征地农民的社会保障费用”包括哪些内容未臻明确。

又倘若土地承包经营权人已对承包地投入从而提高土地生产能力时，此部分亦未明确规范在内。基上所述，本文建议做以下修正：

---

① 参见王利明：《物权法》，中国人民大学出版社2015年版，第229页；申卫星：《物权法原理》，中国人民大学出版社2008年版，第275页。

② 参见聂佳：《中国土地承包经营权设立登记评析》，载《现代法学》2008年第4期，第192页。

③ 《物权法》第42条　为了公共利益的需要，依照法律规定的权限和程序可以征收集体所有的土地和单位、个人的房屋及其他不动产。征收集体所有的土地，应当依法足额支付土地补偿费、安置补助费、地上附着物和青苗的补偿费等费用，安排被征地农民的社会保障费用，保障被征地农民的生活，维护被征地农民的合法权益。征收单位、个人的房屋及其他不动产，应当依法给予拆迁补偿，维护被征收人的合法权益；征收个人住宅的，还应当保障被征收人的居住条件。任何单位和个人不得贪污、挪用、私分、截留、拖欠征收补偿费等费用。

《物权法》第132条

承包地被征收的，土地承包经营权人除得依照本法第四十二条第二款的规定获得相应补偿外，若土地承包经营权人于该承包地被征收前已对承包地上投入而提高土地生产能力时，亦得一并请求补偿。

（五）《物权法》第133条内容所存疑义

1. 与《农村土地承包法》第49条有关其他方式承包的土地承包经营权规定有落差

（1）《农村土地承包法》第49条规定："通过招标、拍卖、公开协商等方式承包农村土地，经依法登记取得土地承包经营权证或者林权证等证书的，其土地承包经营权可以依法采取转让、出租、入股、抵押或者其他方式流转。"意旨分析，通过其他方式承包，承包方取得物权性质的土地承包经营权，经依法登记取得土地承包经营权证或者林权证等证书；否则，以其他方式承包农村土地未经依法登记取得土地承包经营权证或者林权证等证书而形成的土地承包经营权，属于债权性质的土地承包经营权。[①]

（2）《物权法》第133条对其土地承包经营权的设立，是否需"依法登记取得土地承包经营权证或者林权证等证书"并未规定。如此一来，容易引起实践层面的争议，对承包方合法权益是否周延有值商榷余地。倘若依《物权法》第133条规定"依照农村土地承包法"规定，承上所述，似乎解释上只能是"依法登记取得土地承包经营权证或者林权证等证书"情形，才能衔接《物权法》第133条后段"其土地承包经营权可以转让、入股、抵押或者以其他方式流转"。

（3）另观察《物权法》第133条流转方式规定与《农村土地承包法》第49条流转方式规定，后者多"出租"方式，因而，产生争议问题是《物权法》第133条流转方式可否包括"出租"？

2. 《物权法》第133条"国务院的有关规定"宜删除

《物权法》第133条有关"依农村土地承包法等法律和国务院的有关规定"文字，有鉴于法位阶农村土地承包法属"法律"而"国务院的有关规定"性质为行政命令或政策，倘若二者规定内容相冲突，依现行《物权法》第133条规定意旨，将面临适用上选择两难，建议删除"国务院的有关规定"。至于

---

① 参见丁关良：《土地承包经营权基本问题研究》，浙江大学出版社2007年版，第283页；刘俊、周春华：《土地承包经营权入股农民专业合作社的三个法律疑难解析》，载《学术论坛》2009年第4期，第141页。

日后倘若需要临时解决棘手问题，可通过最高人民法院发布司法解释做调和。

3. 本文立法建议

为根本性解决上述争议，建议修订《物权法》第133条规定，“通过招标、拍卖、公开协商等方式承包荒地等农村土地，依照农村土地承包法等法律相关规定，其土地承包经营权依法登记取得土地承包经营权证或者林权证等证书者可以转让、出租、入股、抵押或者以其他方式流转”。

（六）《物权法》第180条第1款第3项规定内容所存疑义

依《物权法》第180条[①]第1款第3项规定“以招标、拍卖、公开协商等方式取得的荒地等土地承包经营权”规定，系为其他方式承包之土地承包经营权，按《物权法》第180条第2款规定意旨能成为抵押财产范围。

唯同样处理其他方式承包之土地承包经营权抵押规定的《农村土地承包法》第49条[②]规定意旨仅限于“经依法登记取得土地承包经营权证或者林权证等证书的，其土地承包经营权可以依法采取转让、出租、入股、抵押或者其他方式流转”。

又观最高人民法院《关于审理涉及农村土地承包纠纷案件适用法律问题的解释》第21条[③]第1款规定意旨，承包方未依法登记取得土地承包经营权证等证书，即以转让、出租、入股、抵押等方式流转土地承包经营权，发包方请求确认该流转无效的，法院应予支持。

从而，衡诸物权法为基本法，而农村土地承包法为特别法，二者就同一事

---

① 《物权法》第180条　债务人或者第三人有权处分的下列财产可以抵押：

（一）建筑物和其他土地附着物；

（二）建设用地使用权；

（三）以招标、拍卖、公开协商等方式取得的荒地等土地承包经营权；

（四）生产设备、原材料、半成品、产品；

（五）正在建造的建筑物、船舶、航空器；

（六）交通运输工具；

（七）法律、行政法规未禁止抵押的其他财产。抵押人可以将前款所列财产一并抵押。

② 《农村土地承包法》第49条　通过招标、拍卖、公开协商等方式承包农村土地，经依法登记取得土地承包经营权证或者林权证等证书的，其土地承包经营权可以依法采取转让、出租、入股、抵押或者其他方式流转。

③ 最高人民法院《关于审理涉及农村土地承包纠纷案件适用法律问题的解释》第21条　承包方未依法登记取得土地承包经营权证等证书，即以转让、出租、入股、抵押等方式流转土地承包经营权，发包方请求确认该流转无效的，应予支持。但非因承包方原因未登记取得土地承包经营权证等证书的除外。

承包方流转土地承包经营权，除法律或者本解释有特殊规定外，按照有关家庭承包土地承包经营权流转的规定处理。

物均有规定且内容相异时，为避免实践面争议，本文就《物权法》第180条第1款第3项修正如下：

《物权法》第180条第1款第3项

（三）以招标、拍卖、公开协商等方式取得的荒地等土地承包经营权经依法登记取得土地承包经营权证或林证等证书者；

四、结论

虽《物权法》第11章土地承包经营权未对“土地承包经营权”做定义性条文，揆诸学者间对“土地承包经营权”做定义阐释其实物权法制定通过前即有，例如，学者崔建远教授认为，土地承包经营权是基于土地按人或按劳动力均有（口粮田使用权时按人均有，责任田承包经营权时按劳动力或按人均有）原则产生的。每个农村承包经营户均享有与其人口或劳动力相应的土地承包经营权。①

学者王利明教授认为，所谓土地承包经营权，是指权利人对集体所有或者国家所有由集体使用的土地，享有依照法律和合同的规定，从事种植业、林业、畜牧业等农业生产的权利。土地承包经营权时一种重要的用益物权。②

学者申卫星教授认为，土地承包经营权是公民和集体经济组织依法对农民集体所有，或者国家所有依法由农民集体使用的土地所享有的占有、使用、收益的权利。③

从而，物权法从2007年初订之时，立法者极可能是希望先未做“土地承包经营权”对定义性规定，待日后施行多年后再通过修法增订，思考点可能是有二：一为“土地承包经营权”概念，在物权法尚未通过前，即已于出现在本文前述壹、部分一些法规内，如农村土地承包法、土地管理法等，不至于因物权法未做“土地承包经营权”定义性规定，导致法律无法运作；二为希望累积多些实践面运作后再做增订，以求完整明臻。

细绎而言，土地承包经营权制度目即保障性目的及财产商品性目的，为落实前者目的设置诸多转让限制，然而，时序渐进经济发展现今，财产商品性目

① 参见崔建远：《“四荒”拍卖与土地利用权——兼论我国农用权的目标模式》，载《法学研究》1995年第6期。

② 参见王利明：《物权法研究》，中国人民大学出版社2007年版，第47页；王利明：《物权法》，中国人民大学出版社2015年版，第225页。

③ 参见申卫星：《物权法原理》，中国人民大学出版社2008年版，第272－273页。

的保障似乎需求性高于保障性目的。从而，土地承包经营权制度，理论上须将土地保障性权利与土地上权利商品化分离，在不同阶段做配套因应。[①]

然而，揆诸“土地承包经营权制度”现制运作所面临问题面向，概分有三：一是有关土地承包经营权入股农民专业合作社的法律疑难，学者指出有关土地承包经营权入股农民专业合作社的法律疑难，[②] 即（1）如何对土地承包经营权进行入股时价值评估；（2）入股后农民专业合作社可否以该土地承包经营权设定抵押；（3）农民专业合作社可否转让成员入股的土地承包经营权。二是有关农村土地承包经营权行使障碍，针对这个问题有学者[③]从土地承包经营权本质是生存权角度，剖析其内涵有就业权、收入保障权及生存风险保障权。其认为农村土地承包经营权行使障碍，是政府公权力征收或集体经济组织管理者或权力行使者的权力任性。前者，如工业化或城市化征地，给予被征地农民，未获补偿或极少补偿，完全不考虑农民生存；后者，如农村集体经济组织之权力行使者，利用大陆村民组织法漏洞，滥用权力侵消农民的土地承包经营权。同样为保障农民所拥有土地承包经营权，即使赋予其用益物权，何堪对抗前述二种权力？村民代表大会制度不断完善是农村社会走向法治，农民权利得到保障地基本条件，如此农民土地承包经营权才能得到真正保障。[④] 三是有关农村土地承包经营权流转法律制度的缺陷部分，有学者分析农村土地承包经营权流转法律制度缺陷，[⑤] 有五个较大缺陷：（1）集体土地所有权主体虚置；（2）土地承包经营权流转方式受限；（3）土地承包经营权流转程序未规范；（4）集体土地征用机制弊端凸显；（5）缺乏引导土地流转的中介机构。

基上所陈，本文认为有关物权法土地承包经营权若干立法建议，除了本文前述参、部分针对相关现行有疑义条文做一些立法建议外，本文鉴于上述“土地承包经营权制度”现制运作所面临问题三个面向，认为应引入“信托法制”观念，将可处理目前诸多问题，如成立土地专业信托机构，将可保障农民利益及更专业活络的土地承包经营权流转，达到土地上权利商品化更大经济效益，更能专业处理流转程序面及信息包装营销通路，能抗衡政府滥用权力违

---

① 参见刘俊、胡大武：《中国大陆农村集体土地承包经营权现状及未来》，载《东海大学法学研究》2007 年第 27 期，第 152 页。

② 参见刘俊、周春华：《土地承包经营权入股农民专业合作社的三个法律疑难解析》，载《学术论坛》2009 年第 4 期，第 142 - 144 页。

③ 参见郑尚元：《土地上生存权之解读》，载《清华法学》2012 年第 3 期，第 80 - 95 页。

④ 参见郑尚元：《土地上生存权之解读》，载《清华法学》2012 年第 3 期，第 95 页。

⑤ 参见张祖晏：《对农村土地承包经营权流转法律制度缺陷的探析》，载《黄石理工学院学报》2010 年第 1 期，第 45 - 47 页。

反征收侵犯农民生存基本权，并能进一步落实农民承包地被征收后补偿机制运作，非但能解决目前农村土地细分趋势及废耕抛荒现况，更能将适耕粮田通过信托机构整并土地承包经营权，交付给农业专团队承包，不但能解决农村劳动力移至城市问题，对于出产农作物量化生产也是有利。另对四荒承包土地，易可倚靠信托机关做全盘整以及开发，对于经济活络将有相当帮助。至于，信托法制如何实际嵌入物权法土地承包经营权立法规范，他日有机会再深论之。

（责编：韩萌萌　审校：方芳）

宅基地法律问题研究综述*

杨雅婷　陈薇舒**

摘　要： 近年来，宅基地问题一直受到学界的密切关注，以农村宅基地为主题的期刊论文不胜枚举。学者们主要从经济学、法学学科理论出发，结合本专业的研究方法，从不同角度对宅基地问题进行研究。法学学者对于宅基地问题的研究主要围绕宅基地使用权展开，同时也关注着宅基地的征收、管理、市场配置、集约利用等问题。随着关于宅基地问题的政策意见出台，宅基地使用权流转问题逐渐成为法学学者的研究重点和热点，法学学者多从限制宅基地使用权流转的原因及造成的问题、放开宅基地使用权流转的必要性、宅基地使用权流转的制度构建及相关配套制度等方面进行研究，与国家出台的政策指导保持方向上的一致性，有利于宅基地制度的进一步完善。然而，当前研究仍然存在着基础理论研究不充分、部分内容不系统、制度构建不具体、研究程度较浅、研究视野不够开阔等问题，未来研究应朝着全面、综合、深入等方向努力。

关键词： 宅基地　宅基地使用权　流转　城镇化　综述

随着我国社会经济的快速发展，城乡联系不断加强，城镇化进程也在快速推进。然而，现行的宅基地法律制度在保障农民基本居住安全的同时，也在一定程度上造成了城乡的分离，阻碍了城镇化的纵深发展。可以说，农村宅基地

---

* 基金项目：天津大学自主创新基金项目《新形势下农村宅基地有偿使用制度构建研究》，项目编号：2016XRG－0055。

** 杨雅婷，天津大学法学院讲师；陈薇舒，天津大学法学院经济法学硕士研究生。

制度的改革关系到我国未来经济发展的速度与质量以及城镇化水平的高低。基于这一重要影响，近年来，宅基地问题一直是学者研究的重点与热点，且多集中于经济学与法学领域，观点较为多样。法学领域对于宅基地问题的研究重点在于宅基地使用权的流转，其中不少观点对于今后宅基地改革具有启发意义。

一、研究概况

2011 年至 2015 年，被 CSSCI 收录的与宅基地有关的论文共 201 篇，涉及 6 门学科，包括环境科学、社会学、法学、经济学、历史学、政治学。其中，从法学视角写作的论文共 38 篇，[①] 所占比例不大；而从经济学角度探讨宅基地问题的占绝大多数，多达 150 篇，其他四门学科在宅基地问题上论文数量偏少。

从经济学视角对宅基地问题进行研究的论文不仅数量多，研究角度也存在很大的不同，主要包括：（1）从实证研究的角度，分析宅基地的使用现状、宅基地闲置的影响因素、农民宅基地置换或退出意愿；（2）从制度经济学的角度分析当前宅基地使用权的隐形流转问题；（3）从社会产权的角度，研究宅基地使用权；（4）分析宅基地使用权流转的模式、路径及相关风险，并对已有的模式进行比较；（5）研究对村集体经济组织行为的监管；（6）基于城乡统筹视角研究宅基地制度的完善。

而法学学者对于宅基地问题的研究主要围绕宅基地使用权展开，包括宅基地使用权的基础理论、取得、流转、抵押、继承、收回与退出以及宅基地使用权制度的历史变迁和未来构建等。此外，关于宅基地的征收、管理、市场配置、集约利用等问题也有些许研究成果。

2011 年至 2015 年 CSSCI 与宅基地相关论文收录学科情况表

学科名称 / 论文数量 / 年份	经济学	法学	政治学	社会学	历史学	环境科学	学科交叉[②]
2011 年	22	9	1	—	—	1	—
2012 年	25	10	1	—	—	—	—

① 以 CSSCI 官网的分类为标准。

② 主要是经济学与法学、经济学与政治学的交叉。

续表

学科名称 / 论文数量 / 年份	经济学	法学	政治学	社会学	历史学	环境科学	学科交叉①
2013 年	31	2	1	1	1	—	—
2014 年	44	9	—	—	—	—	4
2015 年	28	8	2	1	—	—	—
总计	150	38	5	2	1	1	4

二、法学领域关于宅基地问题的研究

宅基地问题涉及的内容很多，当前对此问题的研究广度基本具备，对宅基地制度各部分的内容均有探讨。

（一）关于宅基地使用权基础理论的研究

学者对于宅基地使用权相关基础理论的研究，角度均有不同，但都密切围绕宅基地使用权的特点和性质展开。耿卓通过分析现行法律规范关于宅基地使用权变动规定的不足之处，指出现行规范关于宅基地使用权变动的规定颇显简陋，无法有效体现和满足实践发展之需求。② 他认为，物权法应当对此作出回应，应以权利变动为中心，为宅基地使用权取得、变更及消灭提供物权变动规则。郑尚元从厘清宅基地使用权基本性质和农民居住权保障两个方面为解决实践中宅基地问题提供了新思路。他认为宅基地问题所涉及的权利十分复杂，简单地凭借"用益物权"这一概念并不能阐释清楚问题，住宅的所有权、地基的所有权与使用权、农民的居住权、农村集体权利等皆须被考量。③ 考虑到宅基地问题的复杂性，他提出应从历史与现实、城市近郊与边远乡村等不同的视角进行分析，将私法调整与公法干预有机衔接。陶钟太朗与杨遂全在《论宅基地使用权的空间权塑造》一文中，对宅基地使用权立法历程进行了溯源性研究，并比较了美国、德国、日本的立法例，指出宅基地使用权空间权塑造的

---

① 主要是经济学与法学、经济学与政治学的交叉。

② 参见耿卓：《论宅基地使用权的物权变动》，载《政治与法律》2012 年第 5 期。

③ 参见郑尚元：《宅基地使用权性质及农民居住权利之保障》，载《中国法学》2014 年第 2 期。

必要性。另外，该文明确提出解决宅基地使用权流转问题的路径：将宅基地使用权进行空间权塑造，以相应的平面空间辅以特定的立体空间，并强制要求农民必须保有一定的建筑面积以确保基本生存利益，而余下的建筑面积予以流通。[①] 宋才发在《农民宅基地所有权及使用权的法律探讨》一文中，也提出了类似的观点，他建议应探索建立一种农村宅基地的“复合型所有制”，在“一户一宅”和面积限额的政策规范下，农民宅基地使用权可以依法买卖和继承，集体不再分配新的宅基地。

（二）关于宅基地使用权取得制度的研究

宅基地使用权取得制度作为宅基地使用权制度的基础，直接影响着宅基地使用权的流转、抵押、继承、消灭等各环节的制度设计。初始取得时坚持“一户一宅”原则、无偿性、无期限性、行政审批性等构成了现行宅基地使用权取得制度的主要特征。目前，学者们已经注意到宅基地使用权取得制度建立时的社会基础已经逐渐发生改变，相应地，该制度的具体内容也应随之完善。程建邑提出保障农民无偿初始取得宅基地使用权的做法还应坚持，[②] 但在继受取得之时应区分受让对象，对于符合宅基地申请条件的本集体经济组织成员应实行无偿原则，对在此范围之外的受让人则应实行有偿原则。另外，他认为应当改变宅基地使用权取得的无期限性，否则无法体现其与所有权的差别，建议将宅基地使用权限定为 70 年，到期可自动续期。王崇敏也赞成将宅基地使用权的期限限定为 70 年，但是对于宅基地使用权无偿取得这一特征而言，他主张对农村宅基地使用权取得是否需要支付对价国家无须干涉过多，[③] 而应交由宅基地所有权人与使用权人自行协商确定。刘震宇和张丽洋在《论农村宅基地使用权的取得》一文中，强调应强化宅基地使用权的物权属性，明确宅基地所有权人的地位并发挥其主导作用，明确界定“户”的概念，以完善宅基地使用权取得制度。值得一提的是，上述学者均在文章中提出应改变宅基地使用权取得时的行政审批方式，减少公权力对私权的过度干预。

（三）关于宅基地使用权流转的研究

近年来，法学领域对于宅基地问题的研究重心逐渐从宅基地使用权的概念

---

① 参见陶钟太朗、杨遂全：《论宅基地使用权的空间权塑造》，载《中国土地科学》2014 年第 6 期。

② 参见程建邑：《农村宅基地使用权取得制度考量》，载《国家行政学院学报》2012 年第 5 期。

③ 参见王崇敏：《我国农村宅基地使用权取得制度的现代化构建》，载《当代法学》2012 年第 5 期。

和权能本身转移到宅基地使用权的流转及相应的制度构建上来，与国家出台的政策指导保持方向上的一致性，且多关注实践中的现实问题，提出了较为具体的建议，有利于农村宅基地制度的进一步完善。

1. 关于限制宅基地使用权流转原因的研究

目前，我国现行的法律规定对于宅基地使用权的流转持限制态度。学者在进行宅基地问题研究的过程中，对于法律采取限制性态度的原因也进行了思考。绝大多数学者都提及宅基地的基本居住保障功能，以及国家为防止农民大规模地失去生活住所而引发严重社会问题等原因。除此之外，何博指出："国家要垄断土地的一级市场，从而使土地的增值收益完全归国家所有，这正是限制宅基地市场化交易的真正的立法目的。"① 他进一步解释，如果允许城市居民购买农村房屋，会使土地供给增加，从而导致城市土地的价格大幅度地下滑，进而减少国家土地垄断收入。而陈晓军则认为，限制宅基地流转是出于对政府社会保障供给能力的担心而采取的无奈之举。② 另外，他提到这同时也是一个政策导向问题，政府为提高城镇化水平，希望人口向城市集中，因而限制城镇居民到农村购买住房。

2. 关于限制宅基地使用权流转所引发的问题的研究

在实践中，限制宅基地使用权的流转产生了一系列的问题。综合学者的研究，有以下几点：第一，大量宅基地被闲置。随着城镇化进程的加快，许多农民进入城市务工，长期在城市居住，有的甚至举家搬入城市生活，将流转对象限制为同一集体经济组织成员，导致农民宅基地使用权流转困难，无法找到交易对象，最终闲置。第二，隐形流转日益活跃。尽管法律及相关规范性文件禁止宅基地的自由流转，然而，现实中大量的流转需求及融资需求使得人们不惜将流转交易转入地下，以各种方式进行隐形流转。隐形流转会导致宅基地管理发生困难，而宅基地使用权及其上房屋的权属不清极易引发纠纷。第三，导致城乡居民之间权利的不平等。由于宅基地使用权和房屋所有权不可分割，因此对其流转的限制必然会损害房屋所有权的价值，这样就形成了城市居民和农民的房产权利事实上不平等。第四，侵犯了宪法赋予公民的基本权利。对宅基地使用权流转的限制侵害了农民迁徙的自由，严重损害农民的发展权，使得农民长期处在社会最底层。第五，由于宅基地使用权流转一直未被完全放开，导致

---

① 何博：《从政法传统看中国的地方变通——以宅基地流转试验为切入点》，载《政法论坛》2012 年第 2 期。

② 参见陈晓军：《农村宅基地流转中的价值冲突与公平性考察》，载《南京农业大学学报》（社会科学版）2011 年第 3 期。

流转的相关机制发展滞后。宅基地登记制度及价格评估机制尚未健全，科学合理的土地价格体系、统一的宅基地产权交易中心、专业的中介服务机构均较为缺乏，市场监管机构和政府的监管也亟待完善。

3. 关于宅基地使用权自由流转必要性的研究

目前，学者们对于宅基地使用权流转问题的主流观点是应当解除法律对于宅基地使用权流转的限制。曹泮天从资源配置优化论和权利配置正义论两个角度论证了宅基地使用权流转的理论基础。① 一方面，产权的不可转让从本质上违背了资源最优配置的基本原则，而允许产权转让既符合资源优化配置的要求又有利于保护产权主体的利益。另一方面，禁止流转也违背了权利配置正义的要求，宅基地使用权在物权属性上与建设用地使用权一样同为用益物权，但是与后者相比，宅基地使用权缺失了流转这一重要的权利内容，这样一种权利安排有碍权利配置正义的实现。另外，陈晓军通过引用亚里士多德关于“法治”含义的经典论述，得出：限制宅基地使用权流转所产生的大规模隐形流转问题已经证明它没有获得普遍的服从与遵守。贺日开在《我国农村宅基地使用权流转的困境与出路》一文中提供了建构宅基地使用权自由流转制度的合法性支撑：宅基地使用权制度为物权制度的一部分，而物权制度应属于《立法法》第 8 条规定的法律保留事项，只能通过制定法律进行规定，因此宅基地使用权流转的相关内容只能由法律来加以规定。然而，我国对于宅基地使用权自由流转的限制多来自于法规、规章及其他规范性文件，而此类规定超出了其立法权限，并与上位法相抵触。毛维国在《农村住房及宅基地流转制度研究》一文中对现行农村住房及宅基地流转制度的合理性与合法性进行了分析，认为限制农村住房及宅基地流转：（1）不符合宪法和法律精神；（2）不符合国家“三农”政策要求；（3）不符合国家“城乡一体化”要求；（4）不利于社会资源的有效利用，不符合市场发展规律。② 从而，反向论证了宅基地使用权自由流转的必要性。

4. 关于宅基地使用权流转制度构建的研究

近年来，随着国家政策文件的出台，放开宅基地使用权流转的限制几乎是大势所趋。因此，学者的研究重点也逐渐向纵深发展，开始研究流转制度的具体构建。

王卫国和朱庆育通过分析轰动一时的画家村案裁判依据，指明当前一味地固守封堵型政策无法真正维护农民的利益，不能给社会带来正面的效应，另辟

---

① 参见曹泮天：《论宅基地使用权流转的理论基础》，载《法学杂志》2012 年第 6 期。

② 参见毛维国：《农村住房及宅基地流转制度研究》，载《法学论坛》2012 年第 4 期。

蹊径地提出在宅基地使用权上设立地上权，则可不必触动土地公有格局和宅基地使用权身份性的底线，而为宅基地及其地上房屋开辟出入市流转的合法渠道。[①] 而毛维国对于构建科学合理的宅基地使用权流转制度，提出了六点建议：(1) 放宽对流转主体的限制，允许将流转面向其他经济组织成员和城镇居民，推进流转的市场化；(2) 坚持权利平等原则，允许农村居民转让房屋时宅基地使用权随房屋一并转让，实现真正意义上的“地随房走”；(3) 重新界定“一户一宅”，实行土地分类分级管理；(4) 改“无偿、无期限、无流动”为“无偿+有偿、有期限、有流动”；(5) 建立宅基地回收制度；(6) 建立健全农村房屋流转过户登记制度，加强宅基地审批管理与监管。

在《我国宅基地使用权流转现状及其完善》一文中，施适提出，首先要完善立法，建议制定宅基地使用权法，对宅基地使用权的实体问题及程序性事项作出具体规定，明确宅基地使用权的生存保障性、物权性及可转让性。其次，加强宅基地使用权登记确权工作，建立宅基地使用权流转市场。再次，加强农村土地的整理工作。通过整理将居民点进行整合，以改善农村居民的生活环境，保障宅基地使用权人的利益。另外，施适强调政府、宅基地所有权人、宅基地使用权人是宅基地使用权流转收益分配的三方利益主体，其中，政府应以各类税收的方式来分享该收益，而不宜直接收取。最后，国家应对宅基地使用权的流转作出合理的限制，“对于自身经济条件较好并已有能力在城镇购买自有住房的集体组织成员，由于宅基地对其而言不再具有基础性生存保障功能，可以允许其通过市场将宅基地使用权及住宅流转并获得收益”。[②]

与施适的观点不同，贺日开认为，对于流出主体（宅基地使用权人），应取消诸如要求其有稳定的非农收入来源、获取城镇户籍、拥有农村住宅以外的住房等附加限制条件，只要宅基地使用权是依法设立且权属明晰的，就应当由宅基地使用权人自由地流转其宅基地使用权。[③] 另外，贺日开也不赞同毛维国关于建立“有期限”的宅基地使用权制度的主张，并论述了理由：一是流入主体中必然包括农村集体经济组织成员，此类主体与流出主体应当享有同等的权利，设置使用权期限将造成一种人为的不平等；二是设置使用权期限限制会造成宅基地使用权的有期限性与房屋的无期限性的矛盾；三是设定使用期限在实践仍可能被“以租代买”等变通做法所规避，使得这一限制形同虚设；四

① 参见王卫国、朱庆育：《宅基地如何进入市场？——以画家村房屋买卖案为切入点》，载《政法论坛》2014 年第 3 期。

② 施适：《我国宅基地使用权流转现状及其完善》，载《求索》2015 年第 4 期。

③ 参见贺日开：《我国农村宅基地使用权流转的困境与出路》，载《江苏社会科学》2014 年第 6 期。

是当前立法确认了宅基地使用权的无偿性与无期限性，农民将宅基地使用权转给其他主体，只应该是占有主体发生改变。此外，贺日开还提出要设定宅基地使用权流转中的基准地价与最低限价，为宅基地使用权流转中的双方主体提供价格参考，从而维持宅基地使用权价值与价格的基本相符。

5. 关于宅基地使用权流转配套措施的研究

实行宅基地使用权自由流转可以在很大限度上解决之前因限制流转所产生的问题，在此基础上，若能进一步建立并完善相关的配套措施，则可以将新制度的弊端降到最少。对此，已有不少学者认识到了这一点，并提出了相关的思路。

梁琳在《我国宅基地使用权流转制度研究》一文中，提及了四项措施：（1）明确集体所有权，将其定位为社团法人；[①]（2）设立农户的集体成员权；（3）建立农村社会保障体系；（4）完善宅基地登记制度。贺日开则认为与宅基地使用权自由流转制度相配套的措施至少应该包含农村土地利用管理制度、宅基地使用权确权登记制度、产权自由流转的市场、宅基地使用权收回制度、农村社会保障制度五个方面的内容。其中关于完善确权登记与农村社会保障的观点与梁琳的基本一致。

（四）关于宅基地使用权抵押的研究

宅基地使用权能否用于抵押一直以来立法规范与具体实践的冲突点。学界对此问题的回答多采取肯定的态度，研究重点在于宅基地使用权抵押制度的构建与相关措施的配套。在宅基地使用权有限抵押的制度设计层面，胡建提出需平稳过渡，将宅基地分为存量宅基地和增量宅基地，对于存量宅基地应秉持“无偿取得、有偿使用、有限抵押”的原则，[②] 允许其在满足特定条件时抵押，而对于增量宅基地应赋予其使用权完备的物权权能，允许其按照抵押的应有内容与范围充分运行。[③] 此外，为了保证宅基地使用权抵押制度的有效运行，需要有宅基地抵押保险制度、抵押融资机制、立法完善、使用权期限制度、价格评估机制等进行配套。

---

① 参见梁琳：《我国宅基地使用权流转制度研究》，载《青海社会科学》2012 年第 5 期。

② 胡建：《农村宅基地使用权有限抵押法律制度的构建与配套》，载《农业经济问题》2015 年第 4 期。

③ 参见胡建：《农村宅基地使用权抵押的立法嬗变与制度重构》，载《南京农业大学学报》（社会科学版）2015 年第 3 期。

（五）关于宅基地使用权继承的研究

与国家政策层面鼓励赋予农民更多财产权的要求相一致，对于宅基地使用权能否继承这一问题，学者们也多主张应充分保障继承人对宅基地使用权的继承权，突破现有的将宅基地使用权的继承限定在同一集体经济组织成员范围内的规定。姜红仁提出在允许宅基地使用权合法继承的同时，我们也应当对其继承权予以适当的限制，[①] 而对继承的限制，非本集体经济组织成员的继承限制应严于同一集体经济组织成员内部的继承限制。在集体经济组织成员内部的宅基地使用权继承中，对于已有其他住宅的继承人而言，在村集体宅基地资源紧张的情况下，可考虑通过立法给其设置优先放弃继承宅基地使用权的义务，但相应地应给予补偿。而对于非本集体经济组织成员的继承而言，在继承人也具有其他住宅的情形时，不仅要设置优先放弃继承权的义务，还要设定宅基地使用权自动消灭时效，以促进物尽其用。此外，姜红仁认为继承而来的宅基地使用权应以其上继承房屋的自然寿命为期限限制。对此，陶钟太朗与杨环持反对观点，认为有的建筑质量好，不需要作任何修葺也能屹立数十年甚至上百年，而有的建筑则可能因质量或者不可抗力等原因在短短的数年间就不复存在，[②] 因此，这种做法有违基本的平等原则。

（六）关于宅基地使用权收回与退出的研究

目前，学界对此问题的研究主要从宅基地收回的条件、收回的权力主体、具体的收回类型、退出风险、退出路径选择、退出机制构建等方面进行。贺日开、李震、孙伟伟认为完善宅基地使用权收回条件必须坚持确立前提性基础、合法性、合理性及可操作性四项基本原则，[③] 在此基础上，应将宅基地使用权协商收回这一方式通过法律明确规定，以防止实践中地方立法之间产生冲突。另外，对不同类型的农村土地使用权分别设置相应的使用权收回制度，以满足不同土地使用权所具有的不同特性。就收回的权力主体而言，王沁认为宅基地使用权的收回，性质上属于征收，应由县级政府或其派出机构行使。[④] 而杨蕾则认为应交由集体经济组织行使，集体经济组织对当地的情况更为熟悉，并能

---

① 参见姜红仁：《关于农村宅基地使用权继承的法律思考》，载《江西社会科学》2012 年第 2 期。

② 参见陶钟太朗、杨环：《继承法视域下的宅基地使用权——困局与破解》，载《中国土地科学》2011 年第 7 期。

③ 参见贺日开、李震、孙伟伟：《宅基地使用权收回条件的规范分析与立法完善》，载《江苏行政学院学报》2014 年第 5 期。

④ 参见王沁：《宅基地“收回”的权力主体》，载《国家行政学院学报》2015 年第 5 期。

够采取民间调解、协商等柔性手段，避免运用行政强制权力，防止社会矛盾和冲突的发生。[①] 罗亚海从公共政策理论的视角探求宅基地退出制度的制度要素，[②] 主张通过完善宪法规范结构以充分发挥宪法对私人利益和公共利益的协调作用，明示宅基地退出机制的权益归属，建立正当的退出程序和合理的利益补偿机制。杨保勤和陈景春的研究视角则更为开阔、研究内容更加丰富，从宅基地使用权退出的现实风险、法治理念、路径选择三个方面加以论述，提出：当前宅基地使用权退出面临着经济不确定性、农民权利与农民居住保障弱化、农村生态恶化等风险；退出应坚持自愿、有偿、公开公平、安全发展、利益协调这五个方面的理念；在路径选择上，则应从程序规范、实体制度、配套措施三条路径上共同努力。[③]

（七）关于宅基地使用权制度构建与完善的研究

宅基地使用权的取得、流转、继承、抵押、收回与退出都是宅基地使用权制度的组成部分，将整个宅基地使用权制度作为研究对象，必须立足于全面、深入的分析实践。对此，袁锦秀和匡霞提出应从两方面进行完善：一方面，应在法律制定方面加强制度建设，[④] 包括制定专门的宅基地管理法、建立宅基地使用权强制登记、期限设置、有偿使用及流转等制度；另一方面，在法律执行方面要严格执法，严格宅基地审批制度，集中整治空心村问题。陶镕也提出了两个方面的完善建议，一是赋予农村宅基地以完整的物权；二是切实发挥政府监管职能，包括完善规划和审批制度、加强日常监管工作、积极开展农村宅基地整理。[⑤] 陈玉梅、贺祥、李明川则以贵州贵安新区麻郎村为研究对象，结合贵州整体的宅基地现状进行分析，提出应逐步探索并完善宅基地使用权制度、加大村庄规划建设管理力度、积极推进农村宅基地使用权市场化改革、建立土地巡查制度等，[⑥] 这对于宅基地使用权制度在全国范围内的整体构建也具有启示意义。王崇敏从宅基地使用权现代化构造的角度，指出：原有的宅基地无偿、均分、长期使用且不得流转的制度内容，已无法满足市场经济的需要，无

① 参见杨蕾：《城镇化视阈下农村宅基地使用权收回之类型化研究——基于案例和规范的分析》，载《法学论坛》2014 年第 2 期。

② 参见罗亚海：《公共政策理论视角下农村宅基地退出机制论析》，载《求索》2015 年第 2 期。

③ 参见杨保勤、陈景春：《农村宅基地使用权退出的现实风险、法治理念和路径选择》，载《现代经济探讨》2015 年第 10 期。

④ 参见袁锦秀、匡霞：《农村宅基地使用权在具体应用中的困惑》，载《求索》2011 年第 3 期。

⑤ 参见陶镕：《农村宅基地使用权制度之法律探讨》，载《现代经济探讨》2011 年第 3 期。

⑥ 参见陈玉梅、贺祥、李明川：《论贵州城镇化进程中宅基地使用权制度的完善——以贵州贵安新区麻郎村为例》，载《贵州民族研究》2015 年第 10 期。

法回应农民对宅基地使用权制度现代化转型的诉求。[①] 他将宅基地使用权制度分为初始取得、流转、保障与救济三个部分，[②] 提出了相应的进行现代化构造的建议。相比于前述学者的研究，刘广明对于宅基地使用权制度解困所提出的解决路径更为具体，他提出，构建“双轨”运行机制或许是当前农村宅基地使用权制度创新最为合适的解决方案，[③] 即以是否具备宅基地使用权人的身份为标准，符合标准的仍采用无偿、长期地享有宅基地使用权，但须受到“一户一宅”的限制；不符合标准的，则为有偿、有期限的使用权。以“双轨制”为宅基地使用权制度的完善路径，通过完善“一户一宅”规则、建立宅基地有偿、有期限使用制度，既能体现宅基地使用权的财产属性，又能发挥该权利的保障功能。

（八）关于宅基地相关问题的研究

当前大多数研究是以宅基地使用权为中心展开，但宅基地本身也值得关注。当前以宅基地为研究对象的研究成果主要可分为三类：一是以宅基地征收为视角，研究征收补偿的公平分配机制及对政府侵害农民宅基地行为的规制；二是从物权视角出发，探讨物权在宅基地问题中的作用与适用限度；三是将宅基地作为一种资源，研究对其集约利用中的法律问题。邵忠银针对构建征收补偿利益公平分配机制进行法律思考时，提出集体土地的合有性质及社会基本善理论决定了对农村集体组织成员以人口为基数分配补偿利益的公平性与合理性，而公平分配的关键是要区分宅基地补偿利益中的基本居住利益与超额利益。[④] 柴芳墨和孙永军在研究对政府侵害农民宅基地行为的规制时，强调应明确“公共利益”的范围、保障农民的知情权和参与权、消解农民救济权的行使障碍，并在立法上赋予农民集体宅基地的发展权、充实基层民主。[⑤] 而在物权与宅基地问题的关系上，存在两种针锋相对的观点。吕军书认为，当前宅基地因无法进行市场配置而导致效率低下，解决该问题的核心是以物权效率为指

---

① 参见王崇敏：《宅基地使用权制度变迁与现代化构建》，载《海南大学学报》（人文社会科学版）2013 年第 6 期。

② 参见王崇敏：《论我国宅基地使用权制度的现代化构造》，载《法商研究》2014 年第 2 期。

③ 参见刘广明：《“双轨”运行：城镇化进程中农村宅基地（使用权）制度解困的可行解》，载《法学论坛》2014 年第 2 期。

④ 参见邵忠银：《构建农村宅基地房屋征收补偿利益公平分配机制的法律思考》，载《中州学刊》2011 年第 5 期。

⑤ 参见柴芳墨、孙永军：《论基层政府侵害农民宅基地行为的规制》，载《南京农业大学学报》（社会科学版）2013 年第 4 期。

导，将重点放在还权赋能上，以实现城乡土地“同地、同权、同价”。[①] 即必须充分发挥宅基地的物权特性。相反，桂华与贺雪峰则认为，物权法在宅基地的管理中是有其适用限度的，将宅基地物权化的观点忽视了运用物权规则完善宅基地管理制度，需要以公有制为大前提。[②] 片面强调宅基地物权化，包括允许宅基地直接入市在内的各种主张取消建设用地国家垄断供给的改革观点，实质上是将城市化带来的土地增益变为私人享有，是对社会主义土地公有制的改变。另外，关于宅基地集约利用的研究中，包俊总结了三种模式：政府出资征地拆迁模式、政府与村集体共同出资建设村改社区模式、村集体单独出资改造模式。这三种模式均存在各自的弊端，建议政府应着力做好提供规划服务、跨村协调、招商引资、环保把关等工作。[③]

三、当前研究的不足及未来的完善方向

目前，对于农村宅基地问题的研究主要集中于经济学领域，以法学学科的研究方法进行研究的数量并不算多。然而，宅基地问题不仅涉及土地资源的合理配置与利用，还直接关系到我国规模庞大的农民群体的切身利益，也在相当程度上影响着城镇化的进程及我国社会的整体发展。对这一问题的研究需要以相关法律制度的合理构建和完善为依归，因此，对于宅基地问题的研究，离不开法学研究者的积极参与。

随着城镇化进程的加快，限制宅基地使用权的流转在实践中产生了非常多的问题，学者们对于这一部分的研究较为成熟，不仅考虑到实践中的宅基地闲置、隐形流转、登记不明等现实问题，而且对于理论上所涉及的平等权、迁徙自由权等重要内容也进行了研究。全面考虑限制流转所引发的问题能够为主张宅基地使用权自由流转的观点提供论据支持。同时，学者们通过从经济学的资源配置优化论、法经济学的权利配置正义论、法学理论中“法治”的基本含义、“立法保留事项”、政策动向等多种角度进行分析，阐释了放开宅基地使用权流转限制的必要性，与当前出台的政策保持方向上的一致性，同时也能够为今后的立法、修法提供理论依据，并且对于进一步构建宅基地使用权流转制度富有启发性。可以说，当前法学学者对于限制宅基地使用权流转所引发的问

---

① 参见吕军书：《物权效率视角下我国农村宅基地市场配置探微——兼论宅基地市场配置的风险防范》，载《法学杂志》2011 年第 7 期。

② 参见桂华、贺雪峰：《宅基地管理与物权法的适用限度》，载《法学研究》2014 年第 4 期。

③ 参见包俊：《农村宅基地节约集约利用中的法律问题研究》，载《江海学刊》2011 年第 1 期。

题及放开宅基地使用权流转限制的必要性研究得较为全面和深入，但对其他方面的研究仍然存在着不完善的地方。

（一）对基础理论问题的研究不够充分

如前所述，当前法学领域的研究成果相对来说并不充足，直接导致了相关法学理论研究的不充分，这典型地反映在基本概念界定不清这一点上。综观法学领域的研究成果，对于宅基地问题都侧重于联系社会现实环境的变化，强调需要完善宅基地相关制度，放开宅基地使用权的流转。然而，对于“流转”“退出”等频繁使用的概念却没有进一步的研究、界定。这导致不同学者对同一概念有不同的理解，反映在具体研究中，则体现为研究范围的差异。另外，在涉及宅基地征收的补偿问题时，往往离不开“土地发展权”这一概念。农村宅基地作为农民的生存保障，在获得之时是免费的，为什么流转要获取收益，尤其是这种收益要成为农民的个体收益，其理论上的合理性也需要通过对土地发展权进一步地研究以提供依据支持。尽管目前已有学者对“土地发展权”展开了研究，但总体而言还是缺乏深度，不能解决与宅基地相关的实际问题。

（二）对限制宅基地流转的原因缺乏系统的研究

限制宅基地使用权流转的原因，除了宅基地基本生存保障功能这一看似无争议的原因外，还涉及包括土地发展增值收益的分配、国家垄断权的行使、社会保障供给现状等较为宏观的深层次因素。当前的研究对于这些深层次因素已有所体现，但分散于各篇文章之中，缺乏对限制流转原因进行综合而深入研究的成果。另外，关于限制宅基地使用权流转的原因，绝大多数学者都提到了宅基地使用权的居住保障功能，但鲜有学者就居住保障功能进行深入研究。在当前时代背景下，农民与市民在消费理念及财务观念上是否存在显著的差别，农民是否为理性的经济人，限制宅基地使用权流转对于农民财产权的限制与放开流转以实现财产价值相比是否具有正当性，关于这些问题并没有学者提出充实的论据予以研究、解答。关于宅基地基本生存保障功能在当前的现实情况下是否还发挥着重要的作用，其生存保障功能是否应让位于其财产权能的实现，研究解答这些问题对于是否应放开宅基地使用权流转具有重要意义，但易被学者忽略。

（三）宅基地使用权流转制度与配套措施界定不清

很多学者在谈到宅基地使用权流转问题时，概括性地提到既要保护农民的基本生活保障，又要促进宅基地使用权的流转，在这二者之间应如何协调则是问题的重中之重。目前，对宅基地使用权流转的制度构建，学者提出的制度构建方案较为抽象，并且没有进一步地分析其所提出的制度方案的合理性与可行性，也没有考虑该制度对于其他现行规范的联动影响。此外，不同学者提出的制度框架差异较大，甚至有些制度建议针锋相对，反映出在宅基地使用权流转制度构建这一部分理论研究并不成熟，还需要更为深入的研究论证。未来对于宅基地使用权流转制度的构建研究重心应集中于流转条件的设立、流转市场的构建、流转收益的分配等方面。另外，关于宅基地使用权流转配套措施的研究，与宅基地使用权流转制度构建的研究存在一定的重合，尤其体现在宅基地登记确权制度与收回制度上。然而，这两方面的研究应是相对独立的，宅基地使用权流转制度应为主体部分，而流转配套措施为流转制度的必要补充部分。再者，从时间顺序来看，一般应先确立宅基地使用权流转制度，之后再根据该制度研究与之相应的配套措施。笔者认为，宅基地使用权流转制度应紧密围绕宅基地使用权流转的主体、对象、方式、流转收益的分配等内容进行构建，而有关宅基地使用权的收回、农村社会保障的完善等措施则应纳入配套措施的研究范围。

（四）对宅基地使用权收回与退出的研究不足

宅基地使用权的收回与退出涉及的问题很多，学界目前的研究仍停留在较为宏观的层面，对于许多具体问题没有深入的探讨。例如，宅基地使用权收回中“公共利益”的甄别、宅基地使用权收回时补偿方案的具体设计、收回和退出时对于权利人的程序救济等，这些问题亟待进一步的研究和探讨。同时，当前的研究缺乏整体性思维，对于宅基地使用权收回、退出制度缺乏完整的制度体系设计。另外，对于现实生活中最易引发冲突的宅基地征收这一问题，当前研究成果较少，研究内容也不够深入，尤其是对宅基地征收时补偿对象的确定，缺乏有力的研究结论。即在宅基地征收时，区分对地和对房的补偿，对于房屋的补偿，对象为房屋所有权人并无争议，但对地的补偿，补偿对象应为宅基地所有权人还是宅基地使用权人，抑或是所有权人和使用权人？再者可否通过直接补偿给宅基地所有权人即村集体，再间接地由村集体平均分给所有成员？在确定宅基地征收补偿时，对这些问题必须加以审慎思考。

（五）研究视野不够开阔，缺乏与相关实际情况的联动

当前关于宅基地问题出台了很多的政策，多地正在如火如荼地展开宅基地改革试点，在这种背景下，相关研究必须重视法律与政策如何进行有效衔接。

在进行宅基地问题研究时，必须着眼长远，这一问题与“逆城市化”“户籍制度改革”等都存在着密切联系。未来的研究应考虑到这些现实问题，设计出的宅基地改革方案应能够适应逆城市化和户籍制度改革的要求。

随着国家相关政策的出台，宅基地问题的变革思路渐渐清晰，在未来的研究中，法学研究者应当注重研究内容的依据详实、研究方案的合理可行，并运用法学领域中权力—权利—责任的研究思路，辅之以其他学科的相关知识，运用整体思维，全面考虑、探究未来农村宅基地制度的合理走向，为现行宅基地制度的变革与完善提供有价值的对策建议。

（责编：沈明焱　审校：王果）

从法律方法到法律目的

——吴经熊法哲学思想脉络梳理*

李若君**

摘　要：吴经熊先生是民国时期具有国际声望的法律学者，他立足于中国从旧制度到民主制的转型背景，在批判基础传统法律观之上阐释了三民主义的人本法治思想。他深知过渡期的中国法治和法学，有两项工作尤为重要：其一是法律方法论的建立，通过对类推、概率、假设和势必逻辑等法律方法的研究建立起科学的司法方法论；其二是法律目的论，中晚年以后，吴先生更多致心于永恒性的法律目的和人生意义，他深感法律目的终极追求在于人格主义，精神是人格的准则，怀着最高美善追求的法律人应不断充裕正义之源泉。法律最高理想是正义，真是正义的基奠，善是正义的目的，美是正义的本质。

关键词：吴经熊　法律方法　法律目的　自然法　正义

晚清民国以来，中国政治和社会运动风起云涌。在波澜起伏的时局下，出现了一大批心系家国天下、充满强烈社会责任感和使命感的法学家，有些名字如雷贯耳甚至具有国际声望，如王宠惠、燕树棠、吴经熊、史尚宽、钱端升、盛振为、丘汉平、杨兆龙、梅汝璈、李浩培、倪征燠、周枏，也有很多为学殚精竭虑却终身默默无闻的法学精英。21 世纪以来，两岸三地法律思想文化交流日益频繁，除了欧美日法治思想的营养，我国港台地区优秀法学家著述亦为

* 本文为研究阐释党的十八届四中全会精神国家社会科学基金重大项目《司法公信力的法理要素与指标体系研究》课题（项目批准号为 14ZDC013）的阶段性成果。

** 李若君，复旦大学法学院 2015 级博士研究生

大陆提供了诸多启示。本文尝试梳理吴经熊先生法律思想脉络，厘清其整个学术人生的重心和线索。

一、思想背景：从旧制到民国

吴经熊先生早年研究中国古代法律思想发现，中国在公元5世纪以前是礼治思想占主导，后来，邓析子、商鞅、慎子、申不害、韩非子等人应春秋战国时局而提出法治思想，但正如梁启超先生所言，这毋宁是刻薄寡恩的“物治主义”，是缺失了公道理想的法治。随后出现了礼法调和，“把‘人情’贯注到法律中间。这和罗马法的 ius honorarium 和英美法的 equity 是同一精神。”① 长孙无忌在《唐律疏议》中写到“德礼为政教之本，刑罚为政教之用”，法律与道德的性质区别已然分清，但古代政治和宗教还是混为一体。吴先生义愤填膺地评价道：“凡是‘合法的’总是‘善的’，所以非赏不可，凡是‘不合法的’总是‘恶的’，所以非罚不可！这种观念实在是人治思想的遗毒呀！可怜我们中国人是地球上思想和道德最不解放的民族！如要解放我们拘拘束束、畏首畏尾的心理状况，就非鼓吹法律主义不可！现在法律学术底最重大问题，就是：如何能使法律主义通行，而同时免脱刻薄寡恩的流弊？”②

吴先生研究认为，中国旧有法律文化有三个特点：其一，天人交感的宇宙观，人世间尊卑贵贱等级差序与宇宙自然的秩序是对应的，贵族式的宇宙观统治并催眠着民众，巩固上位者的地位；其二，道德化的法律思想，在“出于礼入于刑”的气氛里，自然民刑不分，也谈不上私人物权或债权了；其三，息事宁人的法律观，数千年来认为讼则终凶、宁可相安无事的心理让整个民族落于“心理压迫”，有冤屈也不敢直说，国民也养成假冒为善的恶习，明知不平还装作雅量。③ 吴先生指出，旧法制过分吸收了道德，结果反而形成一种不道德的法律，比如，“诸不应得为而为之者，杖若干”若严格执行，那一切不合道德的行为就都构成犯罪行为了，道德原本并无强制性，一旦都付诸强制，原有的道德也变质了。

吴先生在他起草的宪法草案中将三民主义冠于国体之上，并发挥了孙中山先生提出的五权制度。在孙先生看来，政权（选举、罢免、创制、复决）操之于人民，治权宜付之于政府。考虑到中国古代御史和谏议大夫以及西方立法

---

① 吴经熊：《法律哲学研究》，清华大学出版社 2005 年版，第 78 页。

② 吴经熊：《法律哲学研究》，清华大学出版社 2005 年版，第 78 页。

③ 参见吴经熊：《法律哲学研究》，清华大学出版社 2005 年版，第 56－65 页。

机关的弹劾权都有着很好的监察作用，同时，不只是古代，未来在共和时代，考试都是选拔人才的重要方式，不得受外在干预，孙先生在西方三权基础上，将监察权从立法机关中划出来，将考试权从行政机关中划出来，形成了民国独有的五权政制。① 吴先生希望通过制宪运动能够凝聚国力人心，建起法治基础，抵御外侮。② 在“司法院”一节，《吴氏宪草》明确规定了司法审查权、司法独立原则和对法官职位的保障：“最高法院有统一解释普通法令之权”，“法官依据法律独立审判，不受非法干涉”，“实任法官非受刑罚或惩戒处分或禁治产之宣告，不得免职；非依法律不得停职、转任、减俸”。③ 后来，时任国民政府行政院长孙科邀请他担任司法部长时，他提出三个条件：第一是司法独立，这是一条神圣不容侵犯的原则，是法治国的基础，任何上司都不得干预司法；第二是法官薪金要有保障，法官很少有社会生活，他们在物质生活上须无后顾之忧，这才能更好地保证他们的完整性（integrity）；第三是允许给囚犯传道，法律不应禁止司法部将监狱变成训练品格和工艺的学校，这不需要国家预算拨款，各大宗教的神职人士一定很乐意做这项公益事业。④

吴先生身处过渡时期，明了法学和法治还有很多工作要做，他指出有两项工作必须优先完成：第一个是建设一个法律的方法论，第二个是建设一个法律的目的论。⑤ 法律是一种估量和权衡利害的学术，法学的重要任务就在于评判法律的估量是否得当，这就又关系到人生价值问题。“法律不过是促进人生价值的一种工具。这里就发生两个问题：第一，人生的价值和意义在哪里？第二，法律怎么才能尽量地促进和充实人生的价值，并随时随地提高人生的意义。”⑥

二、前期学术重心：法律方法论

在法律方法研究上，吴先生说：“司法过程是法律科学的一部分，因此它是一门可估价的科学。其最终的基本条件是：‘每一个判断都应有充分的论证，说明为何作出的是这个（而不是其它的）判断’。司法过程中的科学方法

① 参见吴经熊：《法律哲学研究》，清华大学出版社2005年版，第124－127页。

② 参见吴经熊：《法律哲学研究》，清华大学出版社2005年版，第156－170页。

③ 吴经熊：《法律哲学研究》，清华大学出版社2005年版，第343页。

④ 参见吴经熊：《超越东西方：吴经熊自传》，周伟驰译，社会科学文献出版社2013年版，第273－275页。

⑤ 参见吴经熊：《法律哲学研究》，清华大学出版社2005年版，第209页。

⑥ 吴经熊：《法律哲学研究》，清华大学出版社2005年版，第210页。

包括诸如类推、概率、假设和‘势必’（would－be）逻辑，但须记住，这些方法最终旨在论证。”[①] 类推和假设的方法，自然科学也有运用，但目的不同。在自然科学中，类推是用来解释实然现象，比如，光和声音都遵循同样的反射规律，声音是一种波，那么光可能也是一种波。而在审判过程中，类推用于应然论证，其形式为：“案例 A 与案例 B 在特定方面相似，现在，显然案例 A 为行为 V 所决定，那么案例 B 也应为行为 V 所决定。”[②] 例如，如果承租人没有告知出租人需要修理，那么不得主张对方违背修理义务，因为出租人可能并不知道有修理的必要，类似地，一个手表制造商卖了一块表，声明保修六个月，显然他不应因没有修理而被起诉，因为他可能并不知道有修理的需要，除非接到通知。在自然科学中，假设是否正确要看它是否符合事实，而在法律科学中，假设是否正确要看它能否带来公正的、人们想要的结果。[③] 裁判中的“势必”（would－be）逻辑指的是：“如果做出的不是这一决定，而是其他决定，那势必发生某种不良后果。因此，势必逻辑的功能就在于证明或有助于证明这一司法决定是对的。”[④] 法官时常处于两难境地，做出任何一种选择都会带来危害，势必逻辑引导法官尽量选择危害较小的那一方案。“可怜的法官受手头边材料的局限，经常发现自己处于雪莱（Shelly）描绘的境地：‘命运虽蹇兮，余愿与汝乐之’。难怪势必的逻辑在司法决定中发挥着这么根本性的作用。确实，势必逻辑是最为典型、卓越的一个司法逻辑。势必逻辑是法律价值论和法律预设的关键。无论在什么情况下遇到词组‘否则……势必’或类似表达，你一定会发现预设的基本利益，这是法院最重视的东西。有多少种基本利益，就有多少种势必逻辑形式。”[⑤] 例如，为了维护公众安宁、秩序与便利的利益，在紧急情况下，可以不经批准先行逮捕犯罪行为人，否则，行为人势必会给公众带来危害，或是逃掉，危害其他地方的公共安全和秩序。再比如为了维护人的生命、健康的利益，对病人的手术有时无须等家长或病人本人的同意，否则，延误了治疗时机，势必难保病人本身的生命和健康。

---

① 吴经熊：《吴经熊法学文选》，孙伟、李冬松编译，中国政法大学出版社 2012 年版，第 285 页。

② 吴经熊：《吴经熊法学文选》，孙伟、李冬松编译，中国政法大学出版社 2012 年版，第 297 页。

③ 参见吴经熊：《吴经熊法学文选》，孙伟、李冬松编译，中国政法大学出版社 2012 年版，第 288 页。

④ 吴经熊：《吴经熊法学文选》，孙伟、李冬松编译，中国政法大学出版社 2012 年版，第 300 页。

⑤ 吴经熊：《吴经熊法学文选》，孙伟、李冬松编译，中国政法大学出版社 2012 年版，第 300－301 页。

在利益衡平时，法官应努力追求以最小损害的方式达致最佳的结果，《中华民国民法典》第150条规定："因避免自己或他人生命、身体、自由或财产上急迫之危险所为之行为，不负损害赔偿之责。但以避免危险所必要，并未逾越危险所能致之损害程度者为限。"被告曾看到一些狗咬伤咬死过他的鸡，当这些狗又要伤害他其他的鸡时，被告用枪打死了其中一条狗。在这个案例里，被告所采取手段的必要性就超过了他的目的所需，为了阻止这条狗杀鸡，他不必非得打死它。不过假如他要保护的不是鸡，而是一个婴儿，那么每一个人理智的人都不会怀疑杀死那条狗的合理性。[①] 势必逻辑是一种半意识到衡平，它意味着法官会倾向选择更为重要的利益，而牺牲较不重要的利益，这与适者生存的法则相同。假设的推理或拟制的方法也是很有价值的一种法律衡平法，例如，原告在收网时空出了一点空间，原告两只船停在敞开的水域，泼洒水使得鱼儿不会逃出这个区域，但当他打算把剩下这点空间的鱼也收起来时，被告把他的船划向网的开口处，把鱼捞到他那儿去了。此时，占有不应只是一种物理性的、实在的占有，而应考虑到被占有物"脱逃的可能性程度"，像上述案件中，鱼几乎没有脱逃的可能性，法庭应扩大占有的概念，顾忌到新的事实，法官不能被概念形式所禁锢而阻碍了正义的实现。[②] 区别的方法有助于法官在利益衡平时美化法律，让司法的艺术变得更简便、容易，比如，货物承运过程中，存在只有寄托人受益、只有受托人受益、双方都受益三种情况，受托人在这三种情况下照管货物的态度分别应是轻微照顾、重大照顾、一般照顾。这样区分了不同情况下受托人责任，再来平衡对立双方的利益，我们就感到比较公正。区别的方法主要是适用于同一案件内的不同情况，而对于不同案件之间的区分和比较就需要类比的方法。法官在使用区别的方法时通常会限制法律概念的适用范围，而在运用类比的方法时则会扩大法律概念的适用范围。这两者是法律艺术家在司法中施展融汇和排斥技艺时采用的主要方法。[③] 一个案例所适用的法律规则要适用于另一个案例，取决于两者的推理尤其是衡平过程是否相同（至少相似），例如，被告为自己造了一个蓄水塘，因一次暴风雨，水塘决堤，将当地桥梁冲垮了，被告是否要承担法律责任呢？吴经熊先生评道：

---

① 参见吴经熊：《吴经熊法学文选》，孙伟、李冬松编译，中国政法大学出版社2012年版，第312页。

② 参见吴经熊：《吴经熊法学文选》，孙伟、李冬松编译，中国政法大学出版社2012年版，第321页；吴经熊：《正义之源泉：自然法研究》，张薇薇译，法律出版社2015年版，第29－31页。

③ 参见吴经熊：《吴经熊法学文选》，孙伟、李冬松编译，中国政法大学出版社2012年版，第329页。

“让我们以一棵树和一个池塘的所有权的比较为例吧！法官设想，假如有异乎寻常的狂风大作，树被连根拔起、卷进邻居池塘里，造成了损失，那么树的所有者不用承担责任，这样的判决是很公正的。我想这种设想是正确的，但如果我们问，为什么这种法律规则被看作是公正的，对我而言，唯一理智的回答也许是，这种规则展现了竞争性利益之间的平衡。为了阻止可能性极小的人身伤害和财产损失，法律会阻拦且最终禁止种植树木吗？如果法律真阻止种树了，那势必得不偿失，毕竟因风的缘故将树连根拔起的可能性微乎其微，对这种概率极小的风险，法律甚至完全可以忽略不计。法谚云：‘法不计琐事’（De minimis non curat lex）如果一个人想在社会中生活，他得关注那些可能性较大的情况。

我们说树的案子与池塘案子存在类比。并不是说树和池塘有相似性，更不是说树的所有权和池塘所有权之间有相似性；只不过是对如下陈述的简化：对法官或任何一个使用类比的人来讲，潜藏于两个案件背后的利益平衡过程存在相似的地方，就像单词 sweet 在词组‘悦耳的音乐’（a sweet melody）中的比喻性用法，这不过是以下陈述的简化：‘悦耳的音乐之于听觉犹如甜品之于味觉’。”①

法律方法是实现正义的手段，有目的而没有手段，目的发挥不了作用，有手段而没有目的，这样的手段是盲目的，法律方法不能替代正义的实现本身。衡平技艺的最高体现是一种“训练有素的直觉（判断力）”（trained intuition），它是一种刚与柔的完美融合。② 吴先生引用一则故事来说明这种完美法律技艺是如何运用的：有一个人枯干了一只手，有人问耶稣说：“安息日治病，可以不可以？”目的是要控告耶稣。耶稣说：“假如你们当中有人有一只羊，这只羊在安息日掉进坑里去，怎么办呢？他不把羊拉上来吗？人比羊何等贵重呢！所以，在安息日做善事是合法的。”③

三、后期学术追求：法律目的论

1937 年吴先生皈依天主教后，他更多致心于永恒性的法律目的和人生

① 吴经熊：《吴经熊法学文选》，孙伟、李冬松编译，中国政法大学出版社 2012 年版，第 328 页。

② 参见吴经熊：《吴经熊法学文选》，孙伟、李冬松编译，中国政法大学出版社 2012 年版，第 330、337 页。

③ 《马太福音》第 12 章第 12 节。

意义。吴先生指出，法律有三个向度：时间度、空间度和事实度，法律是针对特定时间、特定领域内法院将对某个事实争点如何裁决的预测。[1] 人世间的人法体系虽难以达到至善，但通过耐心追求与不懈努力可以接近法律的理想。

吴先生认为英美的普通法是通向理想法治的绝佳途径。“英美法学所渗透的基督精神超过了除教会法外的任何一个法律系统。普通法在哪儿发挥到了极致，君就会感到基督在那儿微笑赞许这一审判，而这就是为什么，在许多判例里，法官们毫不犹豫地从基督与使徒特别是从保罗的话里，寻找他们自己的灵感和光照。”[2] 普通法法官引用耶稣基督的话就像古代中国法官引用孔子的话，耶稣教义之于普通法精脉，恰如儒学之于中国古代法学传统。正是“基督教之审慎与正义、爱与理智”赋予了普通法源头活水，使之源源不断从本浊至清源。吴先生感叹：“现代人已在他们脑海中取消了地狱观，丢失了原罪感受，却又在这世上建造了一个地狱。”[3] 他期冀美国法院的理想主义精神能够复兴，不只是“二战”后的一时兴起，而是“作为法学史之真正光辉岁月之开启”[4]。

他引用了很多普通法历史上脍炙人口的经典判例来说明普通法的精神。其中一个是英国的“啤酒蜗牛”判例。[5] 一位贫穷的妇人与她的朋友在咖啡馆喝酒时却发现有一只腐烂的蜗牛从酒水里流了出来，这位妇人也因此患了重病。她起诉啤酒制造商要求赔偿，初审法院没有支持她，因为是别人请客，不是妇人自己掏钱买的，他们之间没有直接契约关系，契约关系是当时英国在这种情形下能够诉诸法律的前提，但在上议院，阿特金勋爵说：“本庭现在要对这两个问题作出回复：其一是怎么理解律法中规定的你要去爱你的邻人而不应当伤害你的邻人；其二是律师的问题：谁是我的邻人？一个人应当尽到合理注意义务以避免他的疏忽行为伤及他的邻人。那么谁是法律上的邻人呢？答案是：那些直接受我行为影响的人群，因有此种影响，我应将他们纳入到我合理注意的范围内。”本案终审法院最终比 3∶2 判被告生产商必须对消费者承担法律责任，这个判例创下一个全新的“民事过失”原则。吴先生重点阐述的美国判例是“里格斯诉帕尔默案”（Riggs v. Palmer）。[6]

---

① 参见吴经熊：《法律哲学研究》，清华大学出版社 2005 年版，第 16－19 页。

② 吴经熊：《正义之源泉：自然法研究》，张薇薇译，法律出版社 2015 年版，第 234 页。

③ 吴经熊：《正义之源泉：自然法研究》，张薇薇译，法律出版社 2015 年版，第 226 页。

④ 吴经熊：《正义之源泉：自然法研究》，张薇薇译，法律出版社 2015 年版，第 268 页。

⑤ Donoghue v. Stevenson (1932) UKHL 100, (1932) AC 562.

⑥ Riggs v. Palmer, 115 N. Y. 506 (1889).

一位老人立遗嘱将财产继承人定为他的孙子，但他不满16岁的孙子为了尽早获得这笔财产竟害死了他祖父，那么他能获得这笔财产吗？按照法律字面含义，这位不孝子孙是可以继承这笔财产的。但是厄尔法官认为，如若这样裁判就明显违背了立法者的意图：任何人不得从自己不当行为中获利。他援引一个先例证明自己的观点，在博洛尼亚曾有一条法律规定：谁在大街上引发流血冲突事件谁就要受惩罚。但这一条款并不适用于那些街边理发师不小心划伤顾客导致出血的情形。按照一般的律法规定，安息日是不许工作的，但这个律法不应禁止当天出于紧急需求而做出的善举。吴先生引用卡多佐法官对里格斯案的评价说："有一些相互冲突的原则在争夺对本案的决定权。其中一项原则是遗嘱人可依法处置其财产而立的遗嘱具有约束力。按照这个逻辑，似乎应该支持这位谋杀者获得财产。另有一项原则是民事法院不得对罪行添加痛苦和惩罚，按照这个逻辑，似乎也应支持这位谋杀犯。然而，在这些原则之上还有一个更具普遍约束力的原则，它深深扎根于普遍的正义情感中：不准有人从他的不公或错误行为中受益，这一原则的逻辑战胜了其他原则的逻辑……这个例证可以说是司法过程的一个缩影。"后来法官做出最终裁决：帕尔默无权继承祖父的财产。[①] 以上两个案例也是普通法历史上法官运用目的解释的两个经典案例。

法律与伦理原本是同族血脉下的姐妹，"法"与"衡平"同根于自然法精神，法之臻于完善与发展主要依赖的是法与衡平的相偕合作。[②] 亚里士多德提出的用于纠正法律规则缺漏的衡平视角值得重申，同时期中国的孟子亦有相似的知见。当时社会规范要求男性与女性不得有身体接触（除非是夫妻、父母子女），孟子门生淳于髡一次问道："男女授受不亲，礼与？"孟子曰："礼也。"曰："嫂溺，则援之以手乎？"孟子曰："嫂溺不援，是豺狼也。男女授受不亲，礼也；嫂溺，援之以手者，权也。"[③] "权"原指秤锤，引申为衡量轻重、变通处理。吴先生还引了英国衡平法院的伟大法官托马斯·莫尔的裁判故事来阐明法的实现要靠衡平才能取得好效果。托马斯爵士的太太喜欢小狗，从一位孤苦妇人那儿偷了一只来养，后来碰巧被那位穷妇人看到了，双方都说狗是自己的。托马斯爵士知道后，让她们两人都叫一声狗的名，看小狗奔向谁，狗就归谁。结果小狗奔向穷妇人，托马斯爵士将小狗判给了她，同时提出愿意

---

① 吴经熊：《正义之源泉：自然法研究》，张薇薇译，法律出版社2015年版，第246页。

② 参见吴经熊：《正义之源泉：自然法研究》，张薇薇译，法律出版社2015年版，第271－272、276页。

③ 《孟子·离娄上》。

给予她除了法国皇冠外的任何东西，请求她将这一小犬送给他太太。穷苦妇人十分欣悦地接受了救济金，将狗给了托马斯的太太。吴先生说，衡平法院的法官们都如天使一样，充满爱和想象力。[①]

法律属于最高贵的人类艺术之一，其最高理想是正义。真是正义的基奠，善是正义的目的，美是正义的本质。“一桩法律或判决之正义，取决于它是否建基于真，其是否导引向一个良善的好的生活，以及其气象（disposition）是否能合乎达于那终极之所归。”[②] 一项公正的判决，其首要前提是厘清事实真相。求真工具（如监控器、醉酒侦查器、DNA 鉴定技术）的发展可以推进法律的发展，但寻求真实不能以牺牲人的尊严为代价，比如强制用催吐药让嫌疑人把“证据”吐出来。正义之实现不唯是发现真实，亦应促进共同体之善。司法人员不应以不善的方法取得证据，法律不讲道德、不近人情，也就丧失了扬升的活力。但法律只宜规定共同善，不宜把所有道德成分都摄收进来，否则那也会落于刻薄寡恩、作法自毙的终局，譬如，《唐律》规定的欠债不还的人不仅要依约归还，还要科杖廿板。[③] 美之理念超乎真与善，它是最切近正义的。它是一种衡平，恰如绘画，浓淡相宜、疏密有致，渗透自然的和谐气韵。法学融汇了自然理性（曙光）和实证法经验（暮光），清晨的知识是唯一的向导，它能使夜晚的知识保持在正确的轨道上，如老子所言“常德不离，复归于婴儿”。[④] 在小孩那天真无邪的眼睛里，世界总是那样的春光明媚、五彩缤纷、一片欣欣向荣，令人心驰神往。除非一名法律人葆有孩子般鲜活纯净的心灵，不然“他就不会变成‘一名朝向天国审思之文士’，他就不会饥渴地追逐于正义，并因此他是一个没有名气的律师。他所有之所知所学将会是那无生命意义的信息量的堆积——于己毫无欣喜于人也不增加幸福快乐。没有法律智慧（legal wisdom）之法律科学（legal science），注定会堕落退化为一个先例之故纸堆以及一个技匠之蛛网”。[⑤] 法学是“人与神的知识”，普通法历史上最杰出的法官都深谙“正义与衡平持久不变的原则”。[⑥] 他们通情达理，有如东方儒士文质彬彬之气质；他们的判决内蕴着诗性的韵律，仿若行云流水、天工造

---

① 参见吴经熊：《正义之源泉：自然法研究》，张薇薇译，法律出版社 2015 年版，第 281 页。

② 吴经熊：《正义之源泉：自然法研究》，张薇薇译，法律出版社 2015 年版，第 335 页。

③ 参见吴经熊：《正义之源泉：自然法研究》，张薇薇译，法律出版社 2015 年版，第 351 – 353 页；吴经熊：《法律哲学研究》，清华大学出版社 2005 年版，第 22 – 24 页。

④ 参见吴经熊：《正义之源泉：自然法研究》，张薇薇译，法律出版社 2015 年版，第 361 – 362 页。

⑤ 吴经熊：《正义之源泉：自然法研究》，张薇薇译，法律出版社 2015 年版，第 360 – 361 页。

⑥ 吴经熊：《正义之源泉：自然法研究》，张薇薇译，法律出版社 2015 年版，第 379 页。

化。正是这些追寻神性智慧的伟大心灵，让世人体会到"正义之美"的旨趣与悦乐：

"出乎于冲突与不和谐、不协调的混杂之外，法学艺术家（legal artist）是要去确立与此范域之音律相一致的秩序与和谐。法律所处理的事情，可能会是相当沆瀣粗鄙的，然而就其方式方法来说，却可以十分的美妙。罪错是卑鄙劣等的，但对它们加以矫正却是高贵与神性的……法律是事实与理念、神性与人性的交会域；如那莲花般，它把根深植到淤泥里，但却开出朝向天籁的圣洁花朵。

仅当将司法秩序与宇宙秩序联系在一起的时候，一名法科学子才能获得智慧，且这智慧能够使其成为一名成熟法学家并堪得其名。"①

四、结语

通过吴经熊先生的法律哲学可知，司法的公信取决于法律目的（正义）的实现，而独立的司法体制（排除力）、科学的法律方法（判断力）和虔敬的神圣信仰（自制力）是通向正义并迈向终极追求——"爱"的先决条件。吴先生自陈，他的法律哲学主要不外乎两点："第一，自然法是一切法律之基础；第二，自然法不是死僵僵的一成不变的东西，而是与时俱进的有机体。"②自然法最终导向的是超越东西方的悦乐精神，儒家是仁义、和谐，道家是逍遥、自在、禅宗是明心见性，西方是信靠圣灵，这都是从内心上哺育、提升和美化一个人。如同西方经典所述的"谦卑的像小孩子一样"，中国也有同样的说法，如道家的"含德之厚者，比于赤子"、③ 儒家的"大人者，不失其赤子之心者也"。④ 吴先生说："科学与哲学中所有伟大的进展不过是深入更圆满意识的过程，而我们对潜意识的发现也同样是这样的一个过程。"⑤

在吴先生看来，法律的真与善最终导向的是美，法律与艺术是异曲同工的。他引用塞尔苏斯（Celsus）的话说："法律是合情合理的艺术，是利益和谐的艺术"（Jus est ars boni et aequi）。他总括地说道："与在音乐中一样，在法律中的美感是通过比例和有秩序的节奏而出现的……正义是人际关系上的

---

① 吴经熊：《正义之源泉：自然法研究》，张薇薇译，法律出版社 2015 年版，第 372 - 374 页。

② 吴经熊：《法律哲学研究》，清华大学出版社 2005 年版，第 45 页。

③ 《道德经·第五十五章》。

④ 《孟子·离娄下》。

⑤ 田默迪：《东西方之间的法律哲学——吴经熊早期法律哲学思想之比较研究》，中国政法大学出版社 2004 年版，第 187 页。

美，而美是现象世界的正义。”[1] 吴先生相信，法官如能具备科学的头脑（真）、道德的修养（善）和欣赏美的品质（美），斟情酌理、恰到好处，成为法学艺术家，“法学那使人悦乐之光”（The gladsome light of jurisprudence）必得以弥散人间。[2]

① 田默迪：《东西方之间的法律哲学——吴经熊早期法律哲学思想之比较研究》，中国政法大学出版社 2004 年版，第 143 - 144 页。

② 参见吴经熊：《法律哲学研究》，清华大学出版社 2005 年版，第 25 页；吴经熊：《正义之源泉：自然法研究》，张薇薇译，法律出版社 2015 年版，第 43 - 46 页。

私有住房出租的房产税征管问题研究

陈司谨　麻凯瑞*

摘　要：随着大量的劳动力进入城市就业和经商，私有住房租赁迅猛发展。根据我国现行税法，城镇居民私有住房出租要征收房产税。私有住房出租的发展本该促成房产税的增收，但由于私有住房出租变动频繁、纳税人分布过于广泛、租赁关系难以确认、税款难收等原因，这部分税收征管长期在低水平徘徊。在现有法律框架、征收能力和技术水平下，如何实现私有住房出租的房产税公平征收问题是本文的研究重点。

关键词：私有住房出租　房产税　征管

引　言

随着我国市场经济发展的推进，城市的就业机会越来越多，大量富余的劳动力进入城市就业和经商，私房出租迅猛发展。58 同城、搜房网、蚂蚁短租等一系列专业租房网站的兴起是我国房屋租赁产业快速发展的缩影。按《房产税暂行条例》规定，私有住房出租的租金属于征税范围，所以房屋租赁业迅猛发展本该促成房产税的增收。事实上，此部分税收收入非常小，映射出私有住房出租的房产税逃避现象严重。为充分实现私有住房出租的税收公平，保

* 陈司谨，西南政法大学副教授；麻凯瑞，上海市协力（郑州）律师事务所律师。

障税法的权威，树立纳税意识，提高征管效率，有必要探讨私有住房出租的房产税征管问题。首先，在此说明探讨私有住房出租房产税征管所必需的内容，以便下文的展开。

第一，在征管手段方面，吴建华认为，要重点建立指导租金制度，即要科学测定房屋租赁指导价格。通过搜集、整理、分析相关数据、资料，测算出不同房屋的租赁指导价格。[①] 高宏丽认为，应建立与公安、流管部门、出租房屋代征单位等各部门的协税护税网络，实现各部门互联互动、信息互通的综合治税的观点。[②] 费国炎提出要探索和建立由付租方代扣代缴私有住房出租税款的税收征管新机制，建立以现代化技术手段支持的房屋出租税源的普查和监控机制。[③] 总的来说，指导租金价格制度较为新颖，但因税源过于分散，建立指导租金价格制度所需耗费的人力物力较大，其指导的实际意义不大。而许多学者提出的信息化的研究，将税源管控纳入信息化的范围，不失为我国私有住房出租税源管控的可行之道。

第二，在征管的税制设计方面，苏如飞从博弈论角度讨论了我国个人出租房屋的税收负担过重，个人出租房屋的税制过于复杂。[④] 孙玉军、张慧颖提出，我国私有住房出租的税制设计不科学，涉及的税种过多，课税对象混淆，对同一经济行为用 4 个税类的税种管辖，没能体现税种之间的区别和各自的特点，不够科学合理。[⑤] 尹文娟通过了解私有住房出租税收的现状，分析私有住房出租税收流失的原因，借鉴美国高效的征税手段和我国香港地区的税种制度设计，提出开征统一的物业税，优化税种设计。[⑥]

接下来，文章主体部分将从基本理论、法律规范和相关方面探讨私有住房出租的房产税征管问题。

一、私有住房出租的房产税的基本理论

私有住房出租，是指承租人因居住的需求向出租人寻租私有住房，承租人付出租金，在约定的期间内使用，租期结束后将住房返还给出租人的行为。私有住房出租的房产税设计有其独立的制度意义和法理依据。

---

① 吴建华：《城市房屋租赁市场的现状及对策》，载《中国房地产金融》2004 年第 8 期。

② 高宏丽：《出租房征收征管纳入信息化》，载《中国税务》2008 年第 9 期。

③ 费国炎：《个人私房出租业务税收征管工作的调查》，载《税务研究》2001 年第 1 期。

④ 苏如飞：《博弈视角下的个人房屋出租税收征管》，载《税政经济研究》2011 年第 2 期。

⑤ 孙玉军、张慧颖：《私房出租税收管理存在的问题与对策》，载《科技信息》2005 年第 4 期。

⑥ 尹文娟：《私房出租税收征管法律问题研究》，福州大学 2010 年硕士学位论文，第 32 页。

（一）私有住房出租的房产税的制度意义

影响房产租赁行业发展的因素有税收政策、房屋租赁政策、经济发展的长远规划、经济发展水平等，税收只是其中之一，其对房屋租赁行业的影响甚至远小于其他因素。但从长远来看，对私有住房出租进行房产税的征收，可有效规范我国的租赁市场，积极发挥作用。

一方面，为政府筹措资金，增加地方财政收入。据统计，2015 年重庆潜在租房人数大约为 700 万人，如果筛选出有房产的和家庭为单位租房的人口数量，租房人数也在百万以上，如此以租金为计税依据计算来的房产税也是一笔极为可观的数目。在建筑安装业“营改增”，土地出让金数额连续几年下降后，地方财政收入大大减少。私有住房出租的房产税成为增加地方财政收入的重要来源。

另一方面，优化资源配置，调节特定的经济和社会目的。私有住房出租的房产税，是地方政府收入的主要来源之一，也是调节收入和财富分配的重要手段。虽不能说对私有住房出租征收房产税就一定能抑制房产投机行为，整肃房屋租赁市场，但是它在一定程度上也发挥着特定的作用。私有住房出租的房产税制度作为调节社会再分配的利器，不仅具有当下社会利益为本位的制度功能，而且还具有规划代际利益的功效，可以引导居民在保障基本住房需求的前提下合理分配住房消费。通过私有住房出租的房产税这一公共媒介，使那些拥有过多社会财富的社会群体与那些贫困的弱势群体进行某种程度的沟通，进而使社会财富在两者之间游走，进而化解社会矛盾，促进社会和谐。

（二）私有住房出租的房产税的法理依据

私有住房出租的房产税法律条文的设计，需要权衡不同维度的价值理念，不仅要关注政治学中政府与纳税人的利益，体现经济学中的正义公平目标，还要兼顾经济学中追求市场效率的目标。

首先，必须满足税收公平原则。私有住房出租的房产税，着重强调横向公平，即按所得租金的 4% 计算。因住房出租的前提是个人或家庭有多余的住房或者租赁后再转租，也即个人或家庭已经满足自身的居住需求，所以对于私有住房出租的纳税人来讲，在房屋出租方面纳税能力基本相同，仅仅是房屋因位置地段不同而租金收入有所差异的情况，并不影响纳税人的纳税能力。当然，私有住房出租的房产税也兼有纵向公平，房屋租金高的，纳税额也较高。

其次，酌情兼顾税收的效率原则。我国在 2001 年将私有住房出租的房产税率由12%降为4%，符合税收的效率原则。房产税率为12%时，因赋税较重、被税务机关发现的概率较小、被发现后违法成本较低等因素，纳税人宁可冒偷税漏税的风险，也不愿承担高额赋税。4%的税率则使得房产税保持合理的定量，有利于提高纳税人主动纳税的积极性，这在一定程度上降低了征管成本，提升了税收征管效率。

我国的私有住房出租的房产税法律政策制定以国家强制力为保障，以人民和政府的共同利益为价值追求。在分析房产税自身属性的基础上，需要明确政府对税收的宏观调控作用，同时兼顾市场这只看不见的手的作用，明确纳税人的权利和义务，使政府和纳税人这两种主体在法律中都能找到自己合法合理的目标，以保障私有住房出租的房产税的顺利实施。

二、私有住房出租的房产税的法律规范

私有住房出租的房产税是一种财产税，其以房产为征税对象，以实际取得的房租为计税依据，并由承租人自行申报。我国房产税的开征由来已久，早在周朝，就有房产税的雏形。而房屋租赁的房产税的征收，直到清朝时才有详细的记载。根据规定，铺户行店按照租价的10%缴纳房捐，由房主和租户分别承担一半。而为了方便征收房捐，租房客要缴纳全部税金给房主，房捐将会从租金中抵扣。自家房子开商铺的，按房屋租价的10%缴纳，居民自住民房不会征税。[①] 除此之外，笔者认为，把握好以下几点是更好地理解私有住房出租的房产税制度的关键：

（一）私有住房出租的房产税的税率

我国现行房产税的基本规范是1986年9月15日国务院发布的《房产税暂行条例》。按照此条例，房产税从租计征，按房产出租的租金收入计征的，税率为12%。从2001年1月1日起，对个人按市场价格出租的居民住房用于居住的，可暂减按4%税率征收。由此可知，我国私有住房出租收入属于房产税征收范围，且是减税征收。

（二）私有住房出租的房产税的纳税人

凡在我国境内拥有房屋产权的单位和个人都是房产税的纳税义务人。《房

---

① 古代的房产税收费标准：汉武帝开征两千钱抽两百文，中国日报网，载 http://news. xinhuanet. com/photo/2013-05/20/c_ 124738646. htm，最后访问时间为2016年2月。

产税暂行条例》第 2 条规定：房产税由产权所有人缴纳；产权属于全民所有的，由经营管理的单位缴纳；产权出典的，由承典人缴纳；产权所有人、承典人不在房产所在地的，或者产权未确定及租典纠纷未解决的，由房产代管人或者使用人缴纳。[①] 因此，在我国，私有住房出租的，有约定的从其约定，没有约定的，房产税由出租人缴纳，出租房不在当地的，由承租方代为缴纳。

（三）私有住房出租的房产税的计税依据

私有住房出租的房产税以租金收入为计税依据。租金收入就是房屋产权所有人出租房屋使用权所得的报酬，包括货币收入和实物收入。对以劳务或其他形式为报酬抵付房租收入的，应根据当地的房产的租金水平，确定一个标准租金额从租计征。[②]

三、私有住房出租的房产税征管中的问题

我国私有住房出租的房产税已经开征多年，并且随着人口流动的频繁，私有住房出租行业快速发展，房产税征收数额应该呈逐年上涨的趋势。但是，据笔者了解，各地市征收的私房出租税收一般只占应征税款的 20% 甚至更少。税收流失如此严重的原因可以从税收环境、配套制度及具体的征管制度方面来看。具体包括：

（一）缺乏诚信纳税氛围，公民纳税意识不足

1. 缺乏诚信纳税氛围

从 1992 年开始，每年的 4 月是我国的税收宣传月，至今已进行 20 余年。通过多年的努力，我国依法诚信纳税的氛围开始慢慢建立，纳税人不愿主动纳税的观念也在一点点重构，诚信纳税的观念已被越来越多的人所熟知。税收宣传起到了积极作用，推动了税收法律法规的普及，提高了公民自主纳税的意识，为构建良好的纳税氛围奠定了基础。即使这样，我们也应清楚认识到，每年一次的大规模税收法律法规的宣传是远远不够的，我国依法诚信纳税的氛围并不浓厚，违法偷税漏税的现象依然严重。

究其原因，我国还处于社会主义初级阶段，经济较以往有了长足的发展，但毕竟还是发展中国家，相比于发达国家还有很大的差距。所谓经济基

---

① 《中华人民共和国房产税暂行条例》（2011 年修订）第 2 条，

② 郭懿：《浅析房产税对我国房价的影响》，载《中国产业》2011 年第 11 期。

础决定上层建筑，在经济不很发达的情况下，我国的上层制度不如发达国家完善，尤其是法治观念的树立，还需要长时间的努力。在法治观念缺失的情况下，依法诚信纳税的观念就会缺失。尤其是在私有住房出租领域，由于租赁行为隐蔽，逃税成本较低，主动诚信纳税的社会氛围不足，主动缴纳房产税者甚少。

此外，依法纳税的诚信问题不是一个孤立的问题，它与其他方面的诚信是不可割裂的。我国处于经济发展的转型期，公民的人生观价值观也在发生巨变，当前社会中充斥着各种不诚信的问题，如恶意透支信用卡，生产、销售假冒伪劣商品，有毒有害食品等，公民个人、社会的诚信正在接受前所未有的挑战。但所有的诚信问题都是共通的，在这种情况下，依法诚信纳税的氛围不会独好。

2. 公民诚信纳税意识不足

正如上文所说，我国经济还不发达，公民收入不高，而税法是强制的、无偿的，是涉及公民切身财产利益的。在这种情况下，公民会首先考虑自己的利益，而不是主动纳税。目前我国还没有建立起依法诚信纳税所需的经济基础，公民将尽可能多的注意力放在物质生存上，而很少关注纳税层次。

其次，虽然纳税人的权利与义务是均衡的，但长久以来，我国过分强调纳税人的义务，即依法纳税、接受管理、接受检查等，使得纳税人处于被动的地位，忽视了纳税人权利的保护。我国一直宣传“取之于民，用之于民”的理念，但是在实际工作中更多地强调纳税的财政收入作用，没有过多强调和宣传“国家要给纳税人提供公共产品”的观念。私有住房出租的房产税征收过程中，税务机关一直处于比较被动的状态，等待纳税人主动前来纳税，这对于纳税人的自觉诚信有着很高的要求。但是笔者在地税局看到的宣传小册子大都是宣传如何纳税以及逃税的后果，对于这部分房产税如何“用之于民”，宣传却很少。纳税人依法诚信纳税的前提是经济平衡，也即权利与义务的平衡，纳税人对于纳税行为有自身的衡量，一旦义务过重与权利失衡，纳税人依法诚信纳税的积极性会受到损害。因此，要达到权利与义务的均衡，就要两手都要抓，不能偏废其中一方，让纳税人切实感受到他们履行义务后，也享受到权利。

再次，还要考虑到我国的历史文化传统，在封建社会，“人治”高于法治，我国历代王朝在制定法律时，考虑较多的是如何维护皇权统治，增加国家收入，将公民的权利置若罔闻。中国几千年的历史中，多次暴动的起因都是统治者制定沉重的徭役，农民不堪重负。公民对于税收的态度往往是抗拒的，几千年来这种逆反心理的改变不会一蹴而就。虽然我国近 20 多年一直在宣传依法诚信纳税，但是要对抗几千年的文化心理，还有很长的路要走。

最后，依法诚信纳税氛围无法有效构建的一个主要原因，则是我国的税收立法还比较落后，没有建立起完整统一的税收制度。我国基本的法律体系虽已初步建立，但在财税立法方面，尤其是税法立法，与市场经济的发展要求还相差甚远。其一，我国税法体系中不存在税收基本法或曰税法通则来统率各门类和各层次的法律法规，反而是行政法规在体系中占主导。其二，房产税领域，尤其是私有住房出租的房产税，法律法规的制定不完善。目前明确的规定就是1986年10月1日起实施的《房产税暂行条例》，仅规定了私有住房出租的税率、征税对象、纳税人等基础性问题，对于具体的征管操作问题并没有详细规定。这部行政法规沿用至今，仅在2001年调整过一次私有住房出租的房产税的税率。可见我国在私有住房出租的房产税立法方面相当滞后，法规的效力不如法律高，加之每个地方又有不同的地方行政法规，大多地方行政法规也并没有规定违法成本，公民对于这些地方法规心存疑惑，自觉纳税的行为得不到应有的鼓励。

（二）税源分布过于分散，租赁关系难以确认

我国私有住房出租面临着税源分布广泛，纳税依据难以核实的问题。虽然我国行政法规明确规定私有住房出租的房产税率为租金的4%。但是这个规定有其自身的局限性，它不可能将所有的现实状况囊括在内，尤其是在房源分布零散，计税依据难以查清的情况下，再好的法律规定也只能是纸上谈兵，发挥不到实际的功效。

1. 税源分散隐蔽，无法集中处理

税源是税收课征的经济源泉，对税源进行精准把握，是税收征管制度顺利执行的前提条件，也是保障税收工作顺利进行的有效手段。我国是个人口大国，加之人口流动频繁，私有住房的需求量大。私有住房出租征收的房产税，应该是一笔可观的数目，然而现实情况却并非如此。私有住房分布零散，隐蔽性极强，导致目前的房产税的征管工作稍有停滞。

征管中存在的具体问题有：一是纳税主体隐蔽。我国《租赁房屋治安管理规定》（公安部令第24号）第6条规定，私有房屋出租的，出租人须持房屋所有权证或者其他合法证明、居民身份证、户口簿，向房屋所在地公安派出所申请登记。[①] 然而笔者在重庆市沙坪坝区走访了十余家出租的私有住房，了解到这十余家私有住房的出租人并不清楚这个规定，也没有到当地的公安派出

---

① 《租赁房屋治安管理规定》（公安部令第24号）第6条。

所申请登记，而相关部门也不可能一一上门排查。此外，这些出租人并没有在出租的住房居住，承租人发现问题时一般只能靠电话才能联系到出租人，与出租人的交集甚少，还有些房主自己不露面，通过家人、亲戚朋友出租房屋。并且房产税的这部分税收最终是要转嫁给承租方的，承租方即使明确知道出租方，也会帮忙隐瞒。因此，作为纳税主体的出租方，对于相关部门和承租人来说，都是比较隐蔽的，给这些房屋的房产税的征管带来了一定的难度。二是作为税源的私有住房比较隐蔽。私有住房不同于临街商铺和一些办公场所，它的位置一般都分布在居民区，作为日常生活的场所，大多数人对于小区内的房屋出租习以为常，税务部门也无法分清哪些房屋已经出租，哪些房屋用于自住。就笔者所走访的十余家房屋，都是在商圈五分钟以内路程的地方，即使这样，也还是难以察觉。

2. 租赁关系难以确认，租赁合同真伪难辨

目前全国各个城市都规范统一了本市内的房屋租赁合同的范本，规定在租赁房屋时双方必须签订统一格式的租赁合同，但是这一举措并不能确认有效的租赁关系，也不能准确辨别租赁合同的真伪。

首先，有些出租方和承租方为了不缴或少缴税，互相串通，想方设法钻法律漏洞，认为违法成本远远低于违法收益，捏造虚假合同，变相出租房屋，造成房屋自住的假象，导致租赁关系无法确认。其中最常见的办法就是变相出租，有些以出租的房屋作为名义投资，实际上收取固定的房租；也有一些表面上是借给朋友或者亲戚使用，实际上收取了相应的对价。

其次，就是租赁合同的真伪难辨。最主要的表现就是房屋的租金难以核实，出租的房屋会因地段、结构、交通情况、装修状况、面积、楼层等的不同而租金大小不相同，税务部门在收税时又是人工操作，不可能了解所有的房屋租金行情，容易造成逃税漏税。笔者在重庆某地税局实习期间，一业主和承租方前来办理纳税事宜，当时的办税工作人员看到房屋的地址和租金后向业主提出了疑问，地段不是很好，租金却是 10000 元/月。业主解释是装修的缘故，工作人员当即请示了主任，未为其办理纳税服务。这种情况时有发生，一些单位利用私有住房出租的相对低税率来逃避其他方面的税务，给国家税收带来损失。也会有些业主在签订合同时故意少写租金，以少缴税款。可见，房产税的征收仅靠税务部门工作人员的经历和对房屋地段的熟识是远远不够的，这样的主观性和随机性太大。

（三）征管政策各地不一，违法成本过低

目前，在私有住房出租方面，我国并没有统筹的税收法律。我国规定私有

房屋出租房产税的法律法规主要是《城市房地产管理法》《房产税暂行条例》。管理法和条例中都只是对房屋出租的房产税的范围和税率做了规定，具体的实施办法是各地在此基础上制定的。

《乌鲁木齐市房屋租赁管理条例》规定，本市房屋租赁管理坚持统一领导、属地管理、分级负责、协调配合、管理与服务相结合的原则，建立房屋租赁管理信息系统，对房屋租赁实行动态管理；房屋租赁活动应遵循平等、自愿、公平和诚实信用原则，实行登记备案制度。①《无锡市房屋租赁管理办法》中规定，房屋租赁行政主管部门应当与人口和计划生育、公安、税务、工商等部门建立信息共享制度，互通房屋租赁信息。②《淄博市公共租赁住房建设和管理办法》规定，镇人民政府、街道办事处受房管、公安、税务、计划生育等行政主管部门委托，集中办理辖区范围内与房屋租赁有关的房屋租赁登记备案、暂住人口登记及证件办理、治安管理责任书签订、税款征收、流动人口婚育证明查验相关工作。③

从以上几个规定中可以看出各地都在税源管控方面做了详细的规定，但每个地方的规定着重点不一，乌鲁木齐市着重规定了建立房屋租赁管理系统，实行登记备案制；无锡市强调建立信息共享制度；淄博市着重规定房屋租赁的各项业务的集中办理。对于这些不同的规定，各地根据规定的做法也有所不同，中央无法根据各地的具体情况一一指导。因此，各地的私有住房出租的房产税税收情况参差不一，国家宏观统筹具有一定的困难。

除此之外，私有住房出租的房产税的违法成本过低。在上述的两部法律法规中，没有对于违反房屋租赁的房产税税收法律责任的详细规定。公安部《租赁房屋治安管理规定》中规定，出租人未向公安机关办理登记手续或者未签订治安责任保证书出租房屋的，责令限期补办手续并没收非法所得，情节严重的可以并处月租金五倍以下的罚款。一般来说，出租方不主动登记缴纳房产税，在收取租金之后，没有备案登记的，租金收入全部收入囊中，即使被查到房屋出租，被要求备案登记，情节严重的也才被罚取租金5倍以下的罚款。私有住房比较隐蔽，当地公安派出所也不会主动上门排查，那么不被发现的可能极大，不用缴纳税款的概率远远大于被罚款的概率，因此，出租方更愿意选择低成本的违法行为。

---

① 《乌鲁木齐市房屋租赁管理条例》（乌政发〔2004〕110号）第4、5、6条。

② 《无锡市房屋租赁管理办法》（无锡市人民政府令第128号）第18、19条。

③ 《淄博市公共租赁住房建设和管理办法》第41条。

（四）征管没有实现信息化，备案登记制名存实亡

近几年，我国税收管理信息化的速度越来越快，虽然在税源监控方面已经采取信息联动、资源共享的方式，这种先进的方式往往用在税源比较集中纳税人比较主动的税种中，比如，个人所得税、增值税等。但是在私有住房出租的房产税方面，由于税源分散等原因，房屋租赁的信息管理系统不能囊括大多数的房源。各地的房屋租赁管理系统往往是整合了当地小部分的房屋出租资源，例如，个人发布以及中介发布。而笔者在走访中发现，依然有很多房源没有在网上交易，保持着当面达成出租意愿，当面签订合同的传统，这部分房源没有在信息系统中显示。此外，笔者在地税局的税务系统中发现，房产税的收入统计是在重庆的试行的房产税新政的税收，房屋出租的房产税并没有被统计在内。因此，我国的私有住房出租的房产税的征管，还停留在税务机关等待纳税人主动上门的阶段，并没有完成信息化的蜕变。

关于房屋租赁登记备案制度，我国《城市房屋租赁管理办法》《城市房地产管理办法》予以明确规定。但大多数地方进行备案登记时需要出租方缴纳一定的备案手续费用，并且我国有些地方规定对于经营性用房来说，签订、变更、终止房屋租赁合同，出租人和承租人要在30日内带着相关材料到房屋所在地的房产管理部门办理登记备案手续。而住房用房，暂可不备案。大多数出租者在备案需要缴纳手续费，认为登记之后还要缴纳税费的情况下，就会声称出租的房屋为住房用房，为自住情况，不需要登记备案。可以说，在私有住房出租的税源管控方面，登记备案制并没有达到理想的效果。

（五）税种设置不甚合理，重复征税现象突出

以重庆私有住房出租的税收征收为例，私有住房出租，需要缴纳营业税、个人所得税、房产税、城市建设维护税、教育费附加、地方教育费附加，涉及3个税种和3个附加税。其中，营业税属于流转税的范畴，个人所得税为所得税，房产税属于财产税，城市建设维护税、教育费附加、地方教育费附加则是对营业税实际缴纳的税额征收的附加税。对于同一经济行为，用3个税种一起征收，显然不符合纳税人的心理认知，也没有突出各税种之间的联系与区别，税种设计过于复杂。

流转税可以广泛地筹集财政资金，保证国家稳定及时地取得财政收入，是我国占主导的税种；所得税有效促进社会公平，对经济的健康发展有积极意义；财产税符合社会公平原则和经济效率原则，可以充裕地方财源，作为所得税之补充。每个税种的设计原理不同，意义也各不相同。房屋租赁中，房产税

的征收是应有之义，但所得税、营业税在这一经济行为中进行征收，就存在税制不合理之嫌。况且，在私有住房出租的税收征管中，我国依然是以流转税为主导，财产税为辅。

此外，在重庆试点房产税后，第二套保有住房需要缴纳房产税，在二套房出租后，依据房屋租金收入依然需要缴纳房产税，只有别墅才会给予退税，其他的普通住房并无退还多交的房产税的规定，对于普通住房出租的房产税来说，存在房产税重复征税的现象。

四、完善私有住房出租的房产税征管建议

（一）营造依法诚信纳税氛围，重塑纳税人主动纳税理念

1. 依法诚信纳税入宪，营造良好氛围

在美国、日本等发达国家，因其良好的经济环境，以及统一完善的税收法律体系，塑造了良好的依法诚信纳税的社会环境。这些国家良好的依法诚信纳税氛围的形成与税收立宪是分不开的。在美国的宪法中，有关于税收立宪的条款，这些条款对税的开征、决定机关、减免退税等都有详实的规定。其中，第7款规定，所有征税议案应首先在众议院提出，但参议院得像对其他议案一样，提出或同意修正案；第8款规定，国会有权规定和征收直接税、进口税、捐税和其他税，以偿付国债、提供合众国共同防务和公共福利，但一切进口税、捐税和其他税应全国统一；第9款规定，（除依本宪法上文规定的人口普查或统计的比例，不得征收人头税或其他直接税）对于从任何一州输出的货物，不得征税，任何商业或税收条例，都不得给予一州港口以优惠于他州港口的待遇；开往或开出一州的船舶，不得被强迫在他州入港、出港或纳税。[①] 美国宪法中详细规定了税收的立法程序、税收的开征、优惠等。相比之下，我国现行宪法并没有详细规定，仅在第56条规定，中华人民共和国公民有依照法律纳税的义务。这条规定是强调纳税人的纳税义务，对于税收的基本原则、税权的划分等方面并未作出明确规定。因此，应尽快将税收立宪提上日程。

其一，将税收法定原则和税收公平原则写入宪法。税收的法定原则是税法的最高原则，是其他税收原则确立的基础，其在我国的税法体系中处于核心地

---

① 参见《美利坚合众国宪法》（Constitution of the United States）第7、8、9款。

位，起到统领其他税收原则与法律法规的作用。将税收法定原则入宪，从宪法的高度来保障纳税人的财产利益，易于得到纳税人的心理认同，促进纳税人依法诚信纳税，营造良好纳税氛围。税收公平原则是我国税制设计必须遵循的原则，对于维护社会稳定，构建和谐社会至关重要。将税收公平原则入宪，以宪法的最高效力来确定保障纳税人的利益，可以为纳税人依法诚信纳税创造良好的社会环境。

其二，合理划分税收权限。在税收立法方面，要明确全国人大及其常委会制定税法的专属权力，减少不稳定的税收政策，构建以税收法律为主导、行政法规为辅的税法体系。在税收执法方面，要平衡中央与地方的关系，将中央税、地方税、中央与地方共享税的划分的法律依据明确纳入宪法。明确不同部门的专属职责，为纳税人依法诚信纳税创造良好的法律、政治环境。

其三，将税收是为了给公民提供更好的公共产品的理念写入宪法。正如上文提到的，我国依法诚信纳税氛围不足的其中一个原因，就是我国过分强调公民的纳税义务，造成公民的纳税逆反心理，这在我国宪法中也有明显的体现。因此，将税收的提供公共产品的理念写入宪法，有助于改观公民的逆反心理，为依法诚信纳税的氛围营造提供了良好的法律基础。

2. 加强依法诚信纳税宣传

正如上文所说，依法诚信纳税问题不是一个孤立的问题，构建依法诚信纳税要同社会其他方面的诚信联系起来，共同宣传与促进。应把依法诚信纳税放到整个社会的诚信建设中进行，并且此项巨大工程应靠国家和纳税人共同来完成。

一方面，诚信是对纳税人的要求，在私有住房出租的房产税缴纳方面，需要纳税人依据自己内心的诚实信用的信念，主动到相关部门进行登记备案，并主动到税务机关进行房产税的缴纳。这对于纳税人的素质要求极高，而我国经济还处于发展阶段，公民的人生观价值观也经受着前所未有的考验，因此，在当前的经济形势下，应加强对纳税人诚信观念的教育，以政府为主导，以公民自我继续教育为依托，积极引导纳税人的诚信价值观。另一方面，诚信更是对征税机关、征管人员的要求。过去我国主要从纳税人义务角度强调诚信，但是征税机关征管人员的诚信问题也不容忽视。征管人员的诚信主要包括熟悉岗位风险，在实际工作中不弄虚作假，为纳税人服务。要求征管机关和征管人员提高对自身的风险认知，其中征管人员要不断学习业务知识，增强业务能力，为纳税人提供优质服务，建立起纳税人与征税人之间的信任。不管对于纳税人还是征管人员，都应该加强诚信宣传。

其一，重塑纳税人的观念，使纳税人的纳税观念由无偿义务向公共产品转变。私有住房出租的房产税是地方财政收入的来源之一，加强对其房产税的征收，是更好地为地方公民提供良好的公共产品的前提和保障。因此，在此方面，政府应全方位宣传公民将从房产税中得到的对价，如将这部分税收用于建设居民区体育设施或者修路等的情况详细列出并公告，使纳税人知道纳税不仅仅只有支出，也有其他意义上的进项。

其二，有的放矢地宣传缴纳房产税的知识。美国的税法错综复杂，但是纳税人在缴纳税款的时候并不需要完全理解税收法律法规，纳税人可以根据自己的情况，申报必须自己申报的收入和税收，是因为有关部门能将复杂的规定简单化，以简报方式使各种类型的纳税人有效得到自己所需的知识。在中国，许多私有住房出租的出租者不愿意去税务机关缴纳房产税，很大程度上也归因于他们并不了解具体的纳税知识，关于房产税税率、纳税人、不缴纳的法律责任，他们并不清楚，造成信息不对称，这部分税收征管难。因此，在私有住房出租的房产税方面，可以通过在房屋租赁密集区张贴，在租赁网站上发布公告，在政府、税务机关网站专区为纳税人答疑解惑等方式宣传缴纳房产税的知识，帮助出租者清楚认识自己的纳税义务和纳税程序。

其三，加强法律责任的宣传。在美国国税局的网页上，偷逃税者被查处判刑和罚款的案例，常以醒目的黑体字刊载，以引起人们的重视。但重要的是，美国经济基础好，在社会诚信方面也有良好的表现。对偷逃税者来说，不光彩的记录可能将使今后的工作和生活遇到不少困难，自食恶果。[①] 在我国，缴纳私有住房出租的房产税违法成本过低，容易造成偷税漏税情况加剧。因此，我国应着重加强对于法律责任的宣传。我国除了可以采用传统的小册子、电视、网络进行知识宣传的方式，还可以借鉴美国的做法，将偷税漏税者的案例公之于众，起到良好的警示作用。

其四，加强征管人员对自身岗位工作的认知，提高风险意识。笔者在地税局实习期间，参与了地税局的“学法守纪防风险”的活动。主要针对办税人员进行培训，使其正确认识岗位风险，依法办税。这是一种自上而下的活动方式，虽然取得了良好的效果，但笔者发现最基层的办税人员对于此次活动的收获甚微。因此，在实际的宣传工作中，应当着重对基层的办税服务与税收执法人员进行培训，提高他们的专业素养和职业操守，重视道德宣传与法律宣传的结合。

---

① 王振华：《美国诚信纳税为就业生活创造良好环境》，新华网，载 http：//news. xinhuanet. com/credit/2002 -09/20/content_ 548536. htm，最后访问时间为 2016 年 1 月。

（二）因地制宜监控税源，加强对合同的监管

1. 完善代扣代缴制度

代扣代缴制度在个人所得税领域应用广泛，一般由纳税人的单位对纳税人的个人所得税进行代扣代缴。在私有住房出租的房产税领域，也可以采用代扣代缴的制度。

一是承租人的代扣代缴。我国国家税务总局在相关文件中规定对在清理检查中找不到出租人的，可规定承租人为房产税的代扣代缴义务人，这种制度设计目的在于节约税收征收成本，提高征管效率，同时将税收损失降到最小。因此，我们应将承租人的代扣代缴广泛应用在私有住房出租领域，以弥补私有住房出租的税源分散，不易管控的不足。一方面，将承租人的代扣代缴义务正式写入相关税收法律法规中，使其法定化。根据我国法律规定，私有住房出租的房产税的纳税人为出租人，但大多数情况下，出租人选择逃避税务。将代扣代缴以法律形式规定为承租人的义务，由承租人代替出租人申报纳税并缴纳税款，会大大缓解私有住房出租的房产税的避税压力。另一方面，详细规定承租人履行代扣代缴义务时的权利和义务。如规定承租人代扣代缴的义务的同时，也要规定承租人的权利，即承租人在履行义务时，出租人作为纳税人不得拒绝以及纳税人拒绝的法律责任等。此外，承租人应有要求履行代扣代缴义务的对价的权利。由于出租人作为纳税人，一般情况下会把税负转嫁给承租人，为了保护承租人的利益，促进承租人代扣代缴的积极性，应给予承租人代扣代缴的相应报酬。

二是物业管理公司的代扣代缴。物业管理公司在我国城市化的建设中起着重要作用，主要职能是管理物业并为业主提供多种服务，为本公司的业主和租户创造良好的居住环境。其对小区内私有住房的出租情况掌握较为准确。因此，可以将物业管理公司作为代扣代缴的主体，在税务部门的统筹下，指定小区的私有住房出租的房产税代扣代缴义务人，培训之后操作代扣代缴的具体事宜。

三是街道办事处的代扣代缴。在我国的许多城市，都实行街道办事处、居委会的代扣代缴。一方面，这由街道办、居委会自身的职责——为辖区的居民服务——所决定。另一方面，街道办、居委会熟悉管区的房屋，容易掌握零散的房源。但是很多城市的街道办的代扣代缴并不规范，这引发了很多问题，因此，要完善街道办、居委会的代扣代缴制度，就需要加强税务机关与街道办、居委会的联系，由税务机关的工作人员对街道办、居委会的工作人员进行相关的培训，帮助街道办、居委会的工作人员认清他们的代扣代缴的责任与义务，

清楚代扣代缴的流程。

2. 加强对合同的监管

《国家税务总局关于加强对出租房屋房产税征收管理的通知》（国税发〔1998〕196 号）中要求各地学习辽宁省关于私有住房出租的房产税收的先进办法，其中就包括协税员制度。

建立和完善协税员制度，首先，可根据各地区的具体情况，在办事处聘用几名协税员，每个协税员管理几个特定的小区，由这些协税员专门从事私有住房出租的房产税的征收工作。其次，协税员应具备房产税的征管工作所要求的专业素质，可以对协税员进行定期培训，并根据实际工作情况进行考核。最后，明确协税员的法律责任，加强对协税员的监管。协税员应严格执行税务机关关于票证管理的有关规定，具体的监督管理工作由征管科和人事科专人负责。

协税员制度在我国各地都有涉猎，但是大多数地方的协税员仅限于在税务机关帮助处理一些文件等琐碎事务。专门聘用协税员从事私有住房的房产税的征收工作可以说是首例，也为其他地方私有住房出租的税收流失提供了解决的途径。协税员被分配到具体的小区，可以有效清查私有住房是自住还是出租，在分散的税源管控和租赁合同的真伪辨别方面，发挥着重要作用。对协税人员进行培训，由协税员熟练掌握管区的房源情况，并根据地段、装修、交通情况判断私有住房出租的租金水平，以有能力辨别租赁合同的真伪，可以有效地减少偷税漏税现象。

此外，建立群众举报奖励制度，为协税人员提供帮助。在每个辖区指派 2－3 名协税员毕竟作用有限，税务机关可以建立举报奖励制度，对举报的群众进行一定的物质奖励，调动群众的积极性。由群众帮助协税人员辨别合同的真伪，由群众举报私有住房以自住为名以出租为实的情况，可进一步掌控税源。同时，出于对举报群众的保护，协税员和税务机关不应暴露其个人信息。

（三）统一房屋出租税收征管，提高违法成本

税收征管法是调整税收征收管理工作中所涉及的社会关系的法律规范的总称，作为一部程序法，是税收征管工作顺利进行的基石，同时也是税收政策贯彻执行的保障。

目前很多省市根据税收征管法制定了相应的私有住房出租税收征管办法，如上所述，每个地方的征收管理办法各不相同，有些省市侧重于各部门协作，有些省市则强调已经不再适应社会需要的私有住房出租的备案登记制度，甚至在同一个省，有的市自己出台了具体的私有住房出租的房产税的征

收管理办法。有的市仍旧按照国家的《城市房屋租赁管理办法》和《城市房地产管理办法》来进行征税。[①] 在具体的操作细节，有的将房产税囊括进综合税率，不再单独强调个人所得税、房产税、营业税等；有的仍旧按照以前的多种税率，分类计算。因此，应当取消地方的政策性规定，汇总统一，将先进的征管经验和方法以法律形式确定下来，以减少政策的不稳定性，维护法律的权威。

我国已经有《税收征收管理法》，但其对于私有住房出租的房产税的征管并没有详细的规定，因此，将私有住房出租的房产税的征管先进手段和经验以法律形式确定下来，有现实必要性。房产税目前仅在沪、渝试点，这种以房屋原值计税的二套房房产税并未在全国推行开来。房屋租赁的税收依然是地方财政收入的主要来源，其潜力是极大的。房屋租赁税收的有效率地征收，离不开以法律形式统一各地不同的稳定性不足的政策。这样既可以保证征管手段和方法的统一，使纳税人产生敬畏心理，也可以使国家在租赁市场混乱的时候有效地宏观调控，掌握全局。

在房屋出租中，商业用房、办公用房出租的税收相对于私有住房出租的税收来说不容易偷税漏税，私有住房出租中房产税又占据重要地位，又因房产税的重要地位及作用，我们应在房屋出租的税收征管法律制定的基础上，制定出具体的私有住房出租的房产税的征收实施细则，加强对私有住房出租的房产税的管理。

需要注意的是，制定房屋出租的税收征管法律时，应根据我国的税收法律法规现状，着重考虑提高私有住房出租的税收违法成本。如上文提到，我国公安部《租赁房屋治安管理规定》规定了5倍房租的罚款，但私有住房出租的租赁合同难辨真假，租金自然难以确定，以租金为标准的罚款具有一定的不确定性。在制定相关法律时，应强调私有住房出租的房产税的纳税人避税的法律责任，适当提高罚款金额并将其固定在一个确定的范围。

（四）废除备案登记制度，加速税源管控信息化

1. 废除私有住房出租的备案登记制

房屋出租的备案登记制度在我国实行已久，其弊端一直为人们所诟病。无论是业主还是租户，备案登记租赁合同都是相当困难，各方都有各自的考虑，房屋租赁的备案登记制度名存实亡。我国房屋出租的备案登记，在不同地区，备案登记的时间规定也不一致，实施效果也不一样。以深圳为例，《深圳经济

---

① 尹文娟：《私房出租税收征管法律问题研究》，福州大学2010年硕士学位论文，第13页。

特区房屋租赁条例》被废止以前规定，房屋租赁关系的设立、变更，当事人应当自签订租赁合同之日起 10 日内到区主管机关登记或者备案。如果出租方没有备案或登记，则要处以租金总额的 20% 的罚款。由于住房出租的强制备案登记制度收效甚微，作用有限，在 2015 年 8 月 30 日，深圳市不再执行备案登记制度，由居住证登记制度代替其职能。可以说，深圳市的做法为其他地方的私有住房出租的税源管控提供了范本。

我国于 2016 年 1 月 1 日正式施行《居住证暂行条例》（国务院令第 663 号），其中第 3 条规定，居住证是持证人在居住地居住、作为常住人口享受基本公共服务和便利、申请登记常住户口的证明。深圳市在 2015 年 6 月 1 日施行《深圳经济特区居住证条例》，其规定了总则、居住登记、居住证管理、持证人权益、信息管理服务、法律责任等几个方面。涉及私有住房出租的税源管理方面，也有建设性和前瞻性的规定。《深圳经济特区居住证条例》第 6 条规定了房屋出租的登记管理机构，“出租屋管理机构、街道办事处、社区服务管理机构根据公安机关的委托，可以从事居住登记、居住证申请受理及发放等具体工作。所需经费由财政保障”。可见居住证的办理更为方便，手续更为简便。第 12 条规定了居住证申报的主体及其义务，第 15 条规定了相关部门的监管职责，第 43 条明确规定了义务人的法律责任。

居住证登记制度能够更好地监控私有住房出租的税源。因为房屋出租的主体人群是外来流动人口，而居住证登记制度就是为了更好地管理流动人口并为其提供良好的服务，有居住证的外来人口可以比没有居住证的享受到更多的当地的公共服务，拥有与本地常住户口无异的公民权利。因此，居住证制度会促使承租方更愿意督促出租方进行流动人口登记，并且人口登记的同时会登记流动人口的居住信息，这部分信息对于房产部门和税务部门来说都是极具价值的，人口登记部门应当与房管部门和税务部门联网互通，共同分享与利用这部分信息，做到对税源的完整把控。

综上，我们应大力发展深圳模式，用居住证登记制度彻底取代房屋租赁的强制备案登记制度，加强私有住房出租税源的有效监控。

2. 完善信息系统，健全税源管理

据相关调查机构 2013 年在北京地区针对 2100 位租户的调查数据如下：习惯通过中介公司租房的人数为 1364 人；习惯通过熟人介绍租房的有 511 人；通过传统互联网平台或 APP 租房的人仅为 136 人；另有 89 人选择通过其他途径。但是该数据在 2015 年最新的调查中，却发生了很大的变化。在样本数量相同的情况下，习惯使用 APP 租房的用户数量上升到了 419 人；而通过中介公司租房的用户数量则下降到了 1022 人。

在2013年和2015年我们可以发现，变化最大的两个习惯是通过中介公司租房和通过互联网APP租房。通过中介公司租赁的人数有所下降，而通过互联网APP租赁房屋的人数激增。在互联网时代，人们更倾向于使用网络平台，因中介租赁的税源易于监管，我们可以从一些专业租房网站上入手，加强对这方面税源管控。网上比较流行的租房网比较多，如搜房网、赶集生活、58同城、蚂蚁短租、丁丁租房等，操作方式是私有住房的业主直接将房源信息发布至网页，由承租方直接联系出租方，租房网站扮演的角色只是一个联系双方的纽带与平台。

因此，税务部门在做好居住证信息互通的基础上，应主动与相关的租房网站合作。与专业租房网站合作有其必要性和现实可操作性，租房网站能有效汇总用户的数据，税务部门根据用户数据能有效进行私有住房的税源监控，对于没有进行居住证登记的房源发布者的信息进行相关的查询与登记，做到查漏补缺，对税源监控形成精密的网络。

（五）完善税种规定，减少重复征税现象

私有住房出租房产税流失严重，虽然有些地方已经开始进行改革，但并未从根本上解决私有住房出租的房产税的征管困难的问题。

以重庆为例，重庆的私有住房出租税收采用综合税率，为5.73%。其中，营业税为1.5%，城市建设维护税为0.105%，教育费附加为0.045%，地方教育附加为0.03%，个人所得税为0.05%，房产税为4%。房产税占了整个税收的70%左右。就笔者在地税局看到的情况，鲜有私有住房出租的业主主动到地税局缴纳房产税。究其原因，私有住房出租的房产税被囊括进综合税率中，并且占主要部分，出租方会认为负担过重。加之重庆为房产税试点，普通的二套住房在每年10月份缴纳房产税，如果将这多余的住房出租，还要缴纳房屋出租的房产税，那么房产税每年会多缴租金的4%，这部分为重复纳税。因此，要提高私有住房出租的纳税人的积极性，就要合理分配税负，防止重复征税的现象。

首先，完善税种规定。针对上文提到的税种规定不合理现象，可以考虑在私有住房出租的税收领域，将房产税作为地方税收的主要税种，将其他两种税种减征或免征。美国把私房出租收入纳入个人所得税中按个人所得税的累进税率统一征收。这样统一税种，能有效减轻纳税人的逆反心理，促进纳税人主动纳税，减少税收流失。

其次，减轻税负。我国私有住房出租的房产税并没有区分房屋情况、纳税人自身情况，一律按租金的4%从租计征。对于私有住房出租的房产税，我国

没有相关的税收优惠政策。出租方不愿意缴纳赋税，很大程度上是因为税率较高，而在私有住房出租的税收中，房产税的比重最大。因此，一方面，可以降低房产税的税率，减轻纳税人负担，提高纳税人主动纳税积极性；另一方面，可以根据纳税人的房屋情况、自身经济状况、自身的身份条件来规定不同的房产税税收减免优惠政策，促进社会公平。

最后，完善房产税退税规定。如上文所说，除了别墅出租可以退还房产税重复缴纳的部分外，其他的普通二套房并没有相关的退税政策。重庆只是房产税的试点城市，保有住房的房产税还没有在全国推行，但是其中的重复征税问题却是我国应注意反思和完善规定的问题。我国应当完善房产税的退税政策，制定出二套房缴纳房产税的具体办法和退税的详细规定，促进社会公平，维护社会和谐稳定，保障纳税人的权利，提高私有住房出租的业主缴纳房产税的积极性。

六、结论

我国经济快速发展，人口流动频繁，促进了私有住房出租市场的繁荣发展。私有住房出租的房产税税收本应为地方带来可观的财政收入，但基于税源分散、征管成本高、征管手段落后等多方面的原因，这方面的税收流失严重。本文的研究目的在于提高私有住房出租的房产税的征管效率，通过理论分析和现状分析，提出征管过程中存在的问题，并提出相应的解决措施。分析私有住房出租的税收公平原则，缓解社会分配不公，促进和谐社会的建设。提出与专业租房网站合作，有效管控税源；提出以居住证登记制度代替房屋租赁备案登记制，促进私房租赁市场的健康发展，保障外来居民的居住权。

参考文献

［1］李延荣：《房地产管理法》，中国人民大学出版社 2007 年版。
［2］李延、周柯：《房地产法》，中国人民大学出版社 2008 年版。
［3］刘剑文：《税法学》，人民出版社 2003 年版。
［4］沈建忠、张小宏：《房地产基本制度与政策》，中国建筑工业出版社 2007 年版。
［5］李小红主编：《税法》，清华大学出版社 2009 年版。
［6］刘隆亨：《财产税法》，北京大学出版社 2006 年版。
［7］李昌麒：《经济法学》（第二版），法律出版社 2008 年版。

［8］徐滇庆：《房产税》，机械工业出版社 2013 年版。
［9］谷成：《中国税制》，清华大学出版社 2010 年版。
［10］白彦锋：《我国房产税改革中的风险问题研究》，中国财政经济出版社 2011 年版。
［11］郭宏宝：《房产税改革的经济效应：理论，政策与地方税制的完善》，中国社会科学出版社 2013 年版。
［12］侯一麟、任强、张平：《房产税在中国：历史、试点与探索》，科学出版社 2014 年版。
［13］［英］威廉·配第：《赋税论》，邱霞、原磊译，华夏出版社 2007 年版。
［14］沈建忠：《房地产基本制度与政策》，中国建筑工业出版社 2007 年版。
［15］张守文：《财税法疏议》，北京大学出版社 2005 年版。
［16］苏如飞：《博弈视角下的个人房屋出租税收征管》，载《税收经济研究》2011 年第 2 期。
［17］沈爱民：《房产税、车船税流失现象值得重视》，载《涉外税务》1995 年第 12 期。
［18］谷成：《房产税改革再思考》，载《财经问题研究》2011 年第 4 期。
［19］郭鹏：《现行房产税制度及其改革的几点建议》，载《天津大学学报》2014 年第 1 期。
［20］李玉庆、沈甫明：《房产税税收征管的调查与建议》，载《税务研究》2005 年第 3 期。
［21］吉林省审计厅财政审计处：《个人房屋出租税收征管问题初探》，载《财政监督》2009 年第 9 期。
［22］费国炎：《个人私房出租业务税收征管工作的调查》，载《税务研究》2001 年第 1 期。
［23］康茜茜、李小婉、潘艳敏：《公平与效率原则平衡框架下房产税改革研究》，载《商》2013 年第 31 期。
［24］孙艳文：《浅谈加强房屋租赁税收管理》，载《财税科技》2007 年第 11 期。
［25］周家亮、章有志：《浅析私房出租中的税收征管》，载《江南论坛》1999 年第 7 期。
［26］孙玉军、张慧颖：《私房出租税收管理存在的问题与对策》，载《科技信息》2005 年第 4 期。
［27］尹文娟：《私房出租税收征管法律问题研究》，福州大学 2010 年硕士学位论文。

[28] 李晶：《中国房地产税收制度改革研究》，东北财经大学 2011 年博士学位论文。
[29]《中华人民共和国房产税暂行条例》第 2 条。
[30]《城市房屋租赁管理办法》第 6 条、第 13 条、第 14 条、第 15 条、第 27 条。
[31]《城市房地产管理办法》第 53 条。
[32]《关于营业税若干政策问题的通知》第 3 条。

（责编：刘永森　审校：王果）

金融消费者概念的应然与实然：从体系解释到实证研究

——以2012年至2016年57份判决书为例*

丁　磊**

内容摘要：金融消费者保护是学界与实务界关注的焦点，理论界以金融消费者识别为中心构建整个保护体系，试图通过“消费者”属概念体系界定“金融消费者”，并对解释过程中可能出现的问题进行再次的应对，然而“消费者”概念本身不足以承担种概念的内涵：在讨论范畴、关注焦点等方面与实务界存在错位，“消费者”概念的模糊之处被体系解释放大，实践中存在争议。理论的模糊使实际诉讼引用金融消费者说理的数量稀少、案件类型单一、各地裁判不一致。基于金融立法对实践强烈的依赖性，不妨优先类型化某一行为及其救济措施，以行为评级为核心，对主体的行为进行针对性保护。

关键词：金融消费者　体系解释　司法　实证研究

一、问题提出

上轮金融危机后，“金融消费者”及相关概念进入我国理论界、实务界视野，围绕金融消费者的讨论方兴未艾。汲取历次金融危机教训，各国着力于金融消费者保护制度构建，我国以金融消费者身份识别为中心的保护机制框架也

---

* 基金项目：华东政法大学2017年创新能力培养专项资金项目资助，项目编号：2017-4-011。

** 丁磊，华东政法大学经济法学院硕士研究生。

逐渐清晰；然而金融消费者保护机制实务与理论界未形成统一意见，[①] 甚至各自内部尚有分歧。学界对于金融消费者保护的范围呈扩张态度；从国家法律法规体系看，多见于行政执法对于行业的整顿，[②] 缺乏具体条文对司法进行具体指引，且效力层级各异的法规中，难以梳理出一条“主体确定”“保护方式明晰”“救济方式统一”的逻辑主线，因此，司法适用“金融消费者”保护态度较为谨慎。法律概念是对各种法律事实进行概括，抽象出它们共同特征而形成的权威性范畴；[③] 理论、立法与司法是一个互动的过程，前者的争议往往导致司法的不确定性，金融消费者司法裁判结果目前尚无明确梳理，金融消费者研究也鲜有实证研究方法，[④] 实务与理论各自的讨论更多时候像在两个体系内讲述自己的故事。

本文对“金融消费者”保护问题进行梳理，对整个体系过度依赖体系解释、扩大“消费者”内涵以解决体系逻辑不畅提出质疑；文章结合 2012－2016 年涉及金融消费者概念阐释或演绎的司法判例，将部分涉及的问题置于实践范畴中进行考量，针砭以金融消费者概念为核心的保护体系在实践中的弊端，以期找到其他替代性思路，从而对当下“金融消费者”理论研究、立法工作产生一定指导性作用。

二、体系解释与上位概念疏漏

既往研究对金融消费者概念主要存在两种阐述模式：体系解释的阐述与比较法的引证，但后者往往是前者论述的注脚、补充，因此实为一种界定方式——现有立法与理论框架中金融消费者概念从属于消费者，以属概念的定义范围对其进行确定，而后兼顾金融消费者的特殊性，对其展开种差内涵的具体补充。但是属概念即消费者之定义中存在着争议在种概念的讨论中也会涉及，在金融领域中甚至会产生异化，进而威胁整个解释体系。体系解释背

① 参见杨东：《论金融法的重构》，载《清华法学》2013 年第 4 期。传统金融法未将因金融创新而诞生的新金融法客体、新金融法主体金融消费者以及由此构建的新的金融法律关系即金融服务关系纳入其调整对象。基于出发点的不同，之后展开的论述学界与实务界多有冲突。

② 譬如《国务院办公厅关于印发互联网金融风险专项整治工作实施方案》（国办发〔2016〕21 号）。

③ 参见张文显：《法哲学范畴研究》，中国政法大学出版社 2006 年版，第 57 页。

④ 相关研究参见齐萌：《金融消费者保护立法实证研究——以 40 部金融消费者保护规范性文件为样本》，载《江西财经大学学报》2013 年第 3 期。马一德：《解构与重构：“消费者”概念再出发》，载《法学评论》2015 年第 6 期。直接实证研究文献较少，譬如有学者曾对我国现行涉及“金融消费者”立法进行穷尽式检索，位阶之低、数量之少、规范冲突之剧烈，令人咋舌。

后难免存在着“法教义学”[①] 的影子，经济法、金融法领域对教义学的概念较为陌生。[②]

（一）金融消费者概念的解释逻辑

从法律法规看，我国最早的成文“金融消费者”规定来自银监会2006年颁布并施行的《商业银行金融创新指引》，其对商业银行提出了维护金融消费者利益的监管要求，[③] 过于原则化的条文没有厘定金融消费者的概念，这也是次贷危机前金融消费者保护未受重视的一个缩影。中央人民银行办公厅2013年印发文件《中国人民银行金融消费者权益保护工作管理办法（试行）》（以下简称《管理办法》）的通知，对金融消费者做了明确规定，“在中华人民共和国境内购买、使用金融机构销售的金融产品或接受金融机构提供的金融服务的自然人”。该定义实则突破了消费者属概念中强调以“生活消费”为目的的限制，但从效力级别与适用范围来看，该试行办法与理论界的期望相去甚远。2015年国务院办公厅《关于加强金融消费者权益保护工作的指导意见》对保护金融消费之措施做了进一步说明，但对于其定义依然没有正面回应。

学界试图通过将“金融消费者”概念纳入“消费者”概念之下，这也是体系解释使然，但不论属概念逻辑的自洽还是种概念特殊性的演绎都难言圆满。理论界将《消费者权益保护法》第2条进一步归纳为“消费者”若干基本特征：自然人主体、购买、使用商品或接受服务行为以及生活需要目的，[④] 并将该特征延伸至金融领域。[⑤] 思及传统消费者概念适用于金融领域时存在的

---

① 参见卜元石：《法教义学：建立司法、学术与法学教育良性互动的途径》，载田士永编：《中德私法研究》（第6卷），北京大学出版社2010年版；又见许德风：《法教义学与价值判断》，载《中外法学》2008年第2期。法教义学指运用法律自身的原理，遵循逻辑与体系的要求，以原则、规则、概念等要素制定、编纂与发展法律以及通过适当的解释规则运用和阐释法律的做法。

② 在经济法领域，法教义学是一个完全陌生的词汇，倒是法解释学这个概念较为常见。有关论文如冯果：《法解释学等传统法学方法——未来中国经济法学的主流研究方法》，载《重庆大学学报》2008年第5期；李昌庚：《中国经济法学的困境与出路——兼对社会法等部门法划分的反思》，载《北方法学》2014年第5期。

③ 《商业银行金融创新指引》第18条　商业银行开展金融创新活动，应遵守职业道德标准和专业操守，完整履行尽职义务，充分维护金融消费者和投资者利益。

④ 参见梁慧星：《关于消法四十九条的解释适用》，载《人民法院报》2001年3月29日第3版。

⑤ 参见吴弘、徐振：《金融消费者保护的法理探析》，载《东方法学》2009年第5期。定义延伸之方法详见吴弘文；笔者私以为该种归纳不无疑义，《消费者保护法》保护之消费者并非涵盖所有消费者，前文所述第2条为对其限制；因此，其实消费者概念远大于《消费者保护法》指向之“消费者”。

不确定性以及现有金融行业立法在保护性上的不足,[①] 因此，在种概念之外，有必要对属概念进一步明确。对于属概念的忧虑来自现行立法——由于我国消费者保护体系自身尚未成熟，在传统消费者领域还不能充分保护消费者的合法权益,[②] 因此，以此延伸的金融消费者特殊保护举步维艰。

从性质上看，金融消费者较消费者而言权益更易受到侵害，若不采取精细、针对性规范，难以有效维护金融秩序。[③] 对种概念特征的具体论证，学者多引入域外事件或观点相佐，譬如，本轮次贷危机中美国住房贷款次级抵押贷规则、信用卡市场的坏账处理方式，等等，甚有引用激进观点认为消费者保护不力为次贷危机产生原因者。[④] 同时引入外域立法经验对自身观点进行佐证，反复出现的立法例有 1999 年美国《金融服务现代化法》、[⑤] 2012 年美国《多德—弗兰克华尔街改革与消费者保护法》、[⑥] 2000 年英国《金融服务与市场法》[⑦] 以及 2011 年我国台湾地区“金融消费者保护法”，等等,[⑧] 各国法律对于金融消费者定义或宽松或严苛，因而总有自证之据。[⑨] 当前金融消费者之定义大意可概括为，“为了满足个人或家庭的生活需要而购买、使用金融机构提

① 参见廖凡：《金融消费者的概念和范围：一个比较法的视角》，载《环球法律评论》2012 年第 4 期；参见何颖：《金融消费者刍议》，载《金融法苑》2008 年第 2 期；参见郭丹：《金融消费者之法律界定》，载《学术交流》2010 年第 8 期。

② 参见杨东：《论金融消费者概念界定》，载《法学家》2014 年第 1 期。

③ 参见管斌：《金融消费者保护散论》，载《华中科技大学学报》（社会科学版）2010 年第 1 期；又见马洪雨、康耀坤：《危机背景下金融消费者保护法律制度研究》，载《证券市场导报》2010 年第 2 期。

④ See PWG（president’ s working group on financial markets）, Policy statement on financial market developments, March 12 , 2008. 载 http：//www. grahambishop. com/DocumentStore/4b778dd4 - 1302 - 4d7b - 8bf7 - c6b8e5e3eb63. 最后访问日期为 2016 年 12 月 1 日。

⑤ 1999 年美国《金融服务现代化法》，该法将金融消费者定义为：“主要为个人、家庭成员或家务目的而从金融机构得到金融商品或服务的个体。”

⑥ 2012 年美国《多德—弗兰克华尔街改革与消费者保护法》（*Dodd - Frank Act*）第 1002 条第（15）款规定的主要供消费者个人、家庭或共同居住人使用而要约或提供的金融产品或服务……”

⑦ 2000 年英国《金融服务与市场法》对金融消费者未作确切的定义，该法第 138 条第 7 款将金融消费者界定为“（a）使用、或曾经使用，或正在或可能计划使用任何下列服务的人（persons）：（i）由获授权人在进行受监管活动时提供的服务；或（ii）以被任命代表身份从事活动的人提供的服务；（b）从使用其他人提供的任何上述服务中获得，或由该服务引起权利或利益的人；或（c）代表其实施行为的人或与其有信托关系的人”，对金融消费的外在表现形式没有做出具体界定。

⑧ 2011 年中国台湾地区“金融消费者保护法”第 2 条对金融消费者做了明确界定，“金融消费者系指接受金融服务业提供金融商品或服务者。但不包括下列对象：一、专业投资机构；二、符合一定财力或专业能力之自然人或法人”。

⑨ 譬如认定自然人是否当纳入金融消费者范畴，持肯定观点引述日本法律，持否定的学者引述欧盟与英国法律：日本《金融商品销售法》则规定该法适用对象不仅限于自然人，即使是法人，只要不具备金融专业知识，均属于该法的保护范围；英国金融服务局《FSA 监管手册》（*FSA Handbook*）明确了消费者必须是“并非出于贸易、商业或职业目的行事的自然人”。

供的商品或接受金融机构提供的服务的个人投资者”，且对其具体保护当建立专门金融消费者权益保护法以具体实现。

（二）上位概念模糊界定

消费者被视为金融消费者的上位概念，消费者定义的分歧并未在金融消费者的讨论中消弭，上位概念本身的不明确性给实践带来很大困难。消费者权益保护法颁布至今历经两次修正，就概念而言未对其内涵、外延做出正面界定，而是通过调整范围“间接”阐明“消费者”为何。[①] 详言之，1993 年《消费者权益保护法》第 2 条规定，“消费者为生活消费需要购买、使用商品或者接受服务，其权益受本法保护”，该条也为 2009 年、2013 年两次修法所沿袭。从纠纷看，体系内部未形成统一意见的主要涉及两方面问题：对于“生活消费”的具体理解与对于单位是否能构成消费者的讨论。

其一，法条中“生活消费”措辞框定的狭小行为范围让很多行为难以纳入《消费者权益保护法》保护。消费者是消费主体，但从字面看《消费者权益保护法》中设计的消费者仅指“生活资料的消费者”[②]，并未囊括所有消费者，[③] 概念的错位难以区分个人消费行为与个人经营行为。实践中对于农业生产者购买农产品生产原料的认定，难以划入“生活资料”的范畴；另外，对于“知假买假”行为的判断，非“生活目的”的行为是否构成惩罚性赔偿各地判断亦不同。[④]

其二，《消费者权益保护法》未言明单位能否受其保护。1985 年《消费品使用说明总则》第 2 条明确排除单位消费者范的规定已被 1993 年《消费者权益保护法》抹去，[⑤] 然而近年来持有单位亦受《消费者权益保护法》保护的观

---

① 参见马一德：《解构与重构：“消费者”概念再出发》，载《法学评论》2015 年第 6 期。

② 顾功耘：《经济法教程》，上海人民出版社 2013 年版，第 458 页。

③ 详见王利明：《消费者的概念及消费者权益保护法的调整范围》，载《政治与法律》2002 年第 2 期。除此之外尚有生产性消费者。对于两者的区分详见王利明：《生产性消费的直接目的是延续和发展生产，生活性消费的直接目的是延续和发展人类自身》一文。

④ 最典型的属于“知假买假”的案件，各地裁判依据、结果不同，一般各地依据效力规范较低的文件做出判决。譬如，2016 年重庆市高级人民法院印发《关于审理消费者权益保护纠纷案件若干问题的解答》第 2 条规定：“明知商品或服务存在质量问题而仍然购买的人请求获得惩罚性赔偿的，因有违诚信原则，人民法院不予支持，法律、行政法规及司法解释另有规定的除外。”2014 年最高人民法院《关于审理食品药品纠纷案件适用法律若干问题的规定》在食品、药品领域同样做出了相关规定。

⑤ 1985 年《消费品使用说明总则》第 2 条规定，“满足个人或家庭的生活需要购买、使用商品或服务的个体社会成员”。

点应者寥寥。[①] 主流观点认为消费者是指个体社会成员，不包括法人或其他社会组织，[②] 最高人民法院近期明确了该观点。[③] 客观上看，合伙、公司等商事主体为自身存续、维系组织基本运转，的确存在购买或接受一定服务的需求；该问题当前在实践中依司法惯例已得到了解决，但无法依原本概念体系获得圆满解释。

（三）体系解释延续与扩大的问题

体系解释必然会使属概念的争端进一步延续。从当前争议看，"消费者"概念的若干问题悬而未决对整体法律适用及消费者保护产生很大影响，这些问题往往处于解释学的边界点、传统消费者理论未讨论之处。

首先，与上文所述"消费者"的自然人属性基本确定不同，"金融消费者"是否限于自然人尚未有定论。有观点认为仅自然人可构成金融消费者，非自然人进入金融领域一般具有相应技术与经验，[④] 不应当受有特殊保护。另有观点认为决定是否参照金融消费者保护的情况是具体判定"交易双方实力悬殊、交易双方存在严重的信息不对称"[⑤] 的标准，若符合该条件均可以金融消费者处之；金融作为一种资金融通方式，非自然人亦有平等接触之机会。有学者进一步指出金融消费者之定义并不是依据是否为自然人而定，自然人亦可能为金融专家，而"不具备金融专业知识，在交易中处于弱势地位"[⑥] 可作为其标尺。从立法来看，前述《管理办法（试行）》将金融消费者界定为自然人，但是该条款效力仅限于人行下辖系统而非整个金融行业，囿于人行监管业

---

① 参见刘忠东：《单位消费也应适用〈消费者权益保护法〉》，载《法律适用》2005 年第 3 期；又见徐澜波：《消费者和消费者保护法律研究》，上海远东出版社 1995 年版，第 84 页。支持该观点的文献近期较少。

② 参见钱玉文、刘永宝：《消费者概念的法律解析——兼论我国〈消法〉第 2 条的修改》，载《西南政法大学学报》2011 年第 2 期。

③ 参见最高人民法院民事审判第一庭：最高人民法院《关于食品药品纠纷司法解释理解与适用》，奚晓明编：《司法解释理解与适用丛书》，人民法院出版社 2014 年版，第 237 页。

④ 参见罗传钰：《金融危机后我国金融消费者保护体系的构建——兼议金融消费者和金融投资者的关系》，载《学术论坛》2011 年第 2 期。"金融消费者的主体只能是自然人，是主要为了个人、家庭成员或家务目的而在一项或多项金融活动中获得任何金融产品或者服务的自然人。"

⑤ 参见邢会强：《投资者保护与证券法转型》，载《多层次资本市场建设与投资者权益保护研讨会论文集》（下）2009 年。

⑥ 参见李婧：《我国台湾地区金融消费者保护制度的最新发展及启示》，载《政治与法律》2011 年第 12 期。

务的传统与特殊性，[①] 自然人与法人原本即分而视之，鉴于当前“一行三会”的监管体系，该条效力是否扩张适用于整个金融行业尚为两说。

其次，消费者概念行为需符合“生活所需”要件延伸至金融领域时，首先面临的问题是“金融行为”与日常消费行为不同，难以满足“生活所需”的要求。普遍认为当下除金融企业从事金融投资服务外，大多数个人或家庭的财产都存在投资金融服务获取利益以保值、增值之需要，“金融行为”可使个人、家庭的生活水平提升。[②] 另外，带有“投资目的”的行为是否依然能涵摄于“生活所需”扩大解释的范畴尚待解释，当然何为“投资目的”亦难获得清晰解释。事实上该问题与前述问题存在一定重合之处——对于保护主体之确定前述问题以“自然人”标准区分，而此处讨论行为以是否带有“投资目的”纳入保护范围。有观点认为基于“投资者的适当性”应当区分投资者与金融消费者身份，其中有理由认为依据原有证券、银行等立法，对于投资者之保护已然足够；又有观点认为机构无法构成消费目的，因此，难以归入金融消费者之列，“金融企业的经营客体不是消费品不能用来进行生活消费，金融企业客户实施的主要是投资行为而不是消费行为”。[③] 反对者认为传统信息不对称理论与“买者自负”理论有着理想与现实的差距，金融交易中的买方依然有必要受一定保护。[④]

体系解释对金融消费者概念的解释、补漏目前并未达成一致，未回应之问题并非在司法实践中不会出现。因此，很多学者尝试从消费者体系解释之外对两者进行解释，譬如，有学者认为金融消费者之概念独立于消费者概念，应当尊重其自身发展轨迹，也是“对投资服务的消费者保护法制独立发展的回应”[⑤]。当然，金融法的发展很大程度上并非利用体系内部逻辑解释新概念，应对纷繁复杂的金融创新，金融法采用相应创新方式应对，[⑥] 较之英、美立法进程，金融消费者内涵与外沿的确立非理论推演的结果，而是实践产物。[⑦] 因此，对金融消费者解释学拓补的未圆满之处进行实证研究，有助于了解实践赋

---

① 传统上，以商业银行为例，银行业务、内部部门向来有对公、对私的区分，如银行账户实践操作中分为个人账户、公司账户。

② 参见马一德：《解构与重构：“消费者”概念再出发》，载《法学评论》2015 年第 6 期。

③ 参见《金融企业的客户是否是消费者》，载《法治周末》2010 年 6 月 30 日。

④ 参见陈洁：《投资者到金融消费者的角色嬗变》，载《法学研究》2011 年第 5 期。

⑤ 参见郑青：《论证券投资服务消费者的法律地位》，载《清华法学》2013 年第 2 期。

⑥ See White L J. Technological Change, Financial Innovation, and Financial Regulation in the U. S. *The Challenges for Public Policy*. Australian Journal of Earth Sciences, 1996, 37 (37): 459 – 469.

⑦ 参见廖凡：《金融消费者的概念和范围：一个比较法的视角》，载《环球法律评论》2012 年第 4 期。

予该概念体系的含义。

三、"金融消费者"司法现状：一个实证研究

金融法领域实践往往给理论带来极大支撑，甚至有学者指出金融法的规制路径并非法律指引，而是社会、政治甚至文化的选择，① 因此，研究裁判性文书中对金融消费者展开的阐述实有必要。囿于"金融消费者 ADR"② 等制度尚未成型，司法判决依然是金融消费者获取救济的主要途径。笔者以 2013 年至 2016 年全国法院裁判文书为样本，对于司法实践中"金融消费者"问题进行实践问题的归类，发现金融领域消费者纠纷案例较多，但鲜有在判决书明确提出"金融消费者"概念，并进行进一步说理的案件。下文在比较理论、实践差异的基础上，对判决书中涉及"金融消费者"概念案件的整体情况进行一定梳理。

（一）研究方法综述

本文以 2013 年 1 月 1 日至 2016 年 12 月 1 日时间跨度 47 个月的 57 份样本判决书为研究对象，最后检索时间为 2016 年 12 月 2 日。笔者以"金融消费者"为关键词在"最高人民法院裁判文书网"数据库中进行检索，共检索到目标结果 97 个，其中包括行政案件 5 个。③ 因检索报告将数据库判决书中含"金融消费者"语词案件全部纳入检索结果，笔者进一步筛选样本中目标民事案件，将内容不合格的判例剔除出样本，共得原、被告诉求及法院说理中提及并适用"金融消费者"含义案件 57 起。该筛选中剔除案件包括以下三类：第一，判决书中"金融消费者"仅为指代作用，未对具体含义展开；第二，引用《消费者权益保护法实施条例（征求意见稿）》第 2 条，说明非金融消费者相关问题；④ 第三，涉及"银行金融消费者投诉书"等具体适用中非为说明

---

① See Bernanke B S. Regulation and financial innovation，载 at：https：//www. federalreserve. gov/newsevents/speech/bernanke20070515a. htm。

② 参见李慈强：《论金融消费者保护视野下金融纠纷调解机制的构建》，载《法学论坛》2016 年第 3 期。金融 ADR 机制即非诉纠纷解决机制近年来讨论十分热烈，但具体制度构架尚在襁褓之中。

③ 具体包括〔2016〕沪 03 行终 273 号等五起行政诉讼案件。

④ 参见〔2016〕鲁 1002 民初 3327 号、（2016）鲁 1002 民初 3329 号等。"……我国工商总局发布的《消费者权益保护法实施条例（征求意见稿）》第二条提到"金融消费者以外的自然人、法人和其他组织以营利为目的而购买、使用商品或者接受服务的行为不适用本条例"，虽然该规定目前并未正式实施，但从该规定中可以看出我国对消费者权益的立法走向……"

“金融消费者”等情况证据。①

从数据库检索结果看，数据存在数据缺失现象。首先，本次实证研究对象为涉“金融消费者”且民事诉讼中对其含义展开讨论之案件，在符合要求的 57 起案件中包括 36 起二审判决、22 起初审判决，但所有 36 起二审民事判决中有 13 起裁判文书数据库中并无对应一审判决文书。其次，从样本分布时间看明显存在 2013 年前的数据断层期，虽有涉及“金融消费者”概念尚未普及之因，但从数据内生原因看不能排除数据库 2013 年前数据残缺因素。②

（二）案件数量

将 57 起涉及金融消费者裁判案件按判决时间归类，2013 年以来诉讼案件有着不断增多的趋势；从增长趋势上来看，以每年接近 2－3 倍的速度增长。因研究未统计 2016 年全年数据，且判决时间与上传时间存在时间差，导致 2016 年数据偏少，笔者预计 2016 年总共案件约 50－60 起。从具体判决时间看现有 2016 年数据以 8 月之前的案件为主，若以平均数处之约 50 起；若参照 2013 年与 2014 年涉及金融消费者案件判决书上网时间，大约为 8 个月，如此计算 2016 年案件大约为 60 起。

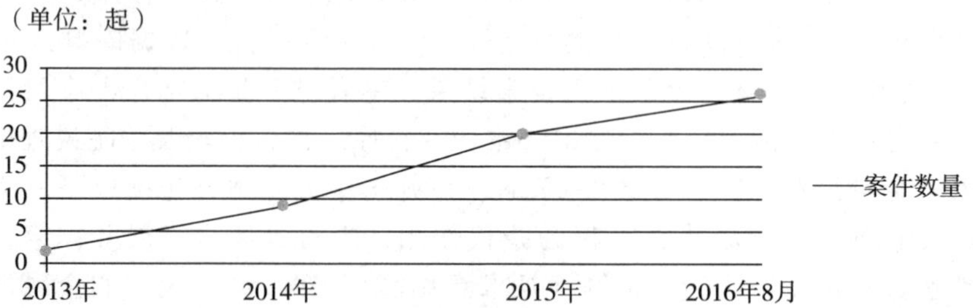

图 1　最高人民法院裁判文书网站关于“金融消费者”民事案件数量

金融消费者保护在实践层面案件的匮乏并非个案，以金融消费者保护起步较早的美国银行业为例，金融消费者保护成效远未达预期：③ 有实证研究表明

① 参见〔2015〕株中法民二终字第 141 号。

② 判决书挂网的强制性指导要求来自最高人民法院《关于人民法院在互联网公布裁判文书的规定》，实际生效时间于 2014 年 1 月 1 日。

③ Mccoy P A. *The Consumer Financial Protection Bureau*: *Financial Regulation for the 21st Century*. Cornell Law Review, Vol. 97. 2012, p. 97.

1994－2004 年，OCC（美国货币监理署，Office of Comptroller of Currency）没有提起一起违反金融消费者保护条款的诉讼；[①] 2000 年至金融危机发生之前，在 OCC 职权范围内进行的 69 起件行政罚款案件中，仅 6 起涉及金融消费者。[②] 由此也可以看出，实践中即便存在“金融消费者”制度，其运行也并非顺理成章。

（三）案件地域性

从案件发生地点上看，案件分布于上海、内蒙古、北京、浙江等 14 个省（市）。笔者统计、归类案件属地时以审判地原则为主，兼考虑民事诉讼发生之特殊情况；譬如，〔2016〕内 01 民终 120 号等 8 个案件实际由内蒙古法院管辖，但该管辖权基础为指定管辖，具体来看天津爱尔爱司贵金属经营有限公司内蒙古分公司在诉讼前两年已撤销，因此，笔者将其依然归入天津市。

从数据看上海、天津、北京、广东发生的案件远超其余省份，其中自然有经济发达地区消费者保护意识较其他地区强的优势，亦有金融服务、产品复杂，纠纷经常产生的原因；尤其笔者注意到在证券交易所、期货交易所、小额借贷等金融交易频繁的城市往往诉讼案件发生频次较高，譬如，涉及天津期货交易所的纠纷与温州法院判罚的一系列案件。金融消费者保护作为一种嵌入原有消费者保护制度的新内涵，在经济发达地区率先进入司法实践的“试验田”也不失妥当。

2013－2016 年“金融消费者案”案件区域分部表

地区	案件（起）	百分比
上海市	20	35.1%
天津市	8	14.0%
北京市	6	10.5%
浙江省	6	10.5%

---

① Arthur E. Wilmarth Jr. *The OCC's Preemption Rules Exceed the Agency's Authority and Present a Serious Threat to the Dual Banking System and Consumer Protection.* Social Science Electronic Publishing, 2004. 载 https://papers.ssrn.com/sol3/papers.cfm?abstract_id=577863。

② Levitin A J. *A Critique of Evans and Wright's Study of the Consumer Financial Protection Agency Act.* Ssrn Electronic Journal, Oct. 21 2009. 载 https://papers.ssrn.com/sol3/papers.cfm?abstract_id=1492471。

续表

地区	案件（起）	百分比
江苏省	4	7.0%
广东省	4	7.0%
未达2起省份	河南省（2）；辽宁省（2）；河北省（1）；四川省（1）；贵州省（1）；河北省（1）；湖南省（1）。	
总计	57	100%

（四）消费者弱势地位

诉讼案件的原告、被告间关系较为一致，57起案件中有55起围绕客户与金融机构间的委托合同、服务合同等契约关系展开，主体涉及银行、证券公司、信托公司等；仅有的两起非契约关系案件为不同原告起诉光大证券内幕交易，均以原告败诉结案。①

在全部的57起案件中适用“金融消费者”概念的主体以法院为主，在47起案件中法院主动在说理过程中加入了对于“金融消费者”特殊身份的保护，另有9起案件由原告提出金融消费者特殊保护之诉请、1起案件由证监会认定金融消费者身份。②

法院援引“金融消费者”概念主要基于消费者的弱者地位，认定金融消费者在诸如举证能力、过错分担、告知义务等程序与实体方面存在保护必要。在法院支持或部分支持原告诉请的47起案件中，因消费者处于弱势地位，因此技术疏忽过错不应由其承担而支持原告的案件居多，为22起；一般法院通过利益衡量得出该结论，“从利益衡量角度来看，对于本案因伪卡盗刷产生的损失风险，由被告先行承担能更好地真正保护原告作为金融消费者的合法权益，同时也有利于促进整个银行卡业务的良性健康发展”③。另有小部分案件因消费者处于弱势地位收集证据困难而法院将部分举证责任转嫁于金融机构，此时法院认为，“因银行对作为专业金融机构和金融服务提供者，相比储户以及其他金融消费者而言，举证能力更强、距离证据更近，故根据公平原则和诉

① 〔2015〕沪高民五（商）终字第61号；〔2015〕沪二中民六（商）终字第323号。

② 〔2014〕闵民四（商）初字第108号。

③ 〔2015〕浦民六（商）初字第1525号。

讼经济原则，对储户资金异常变动的情况，银行应承担更多的举证责任”①。另外，基于消费者尤其是金融消费者处于信息不对称地位，法院特别强调金融消费者知情权。

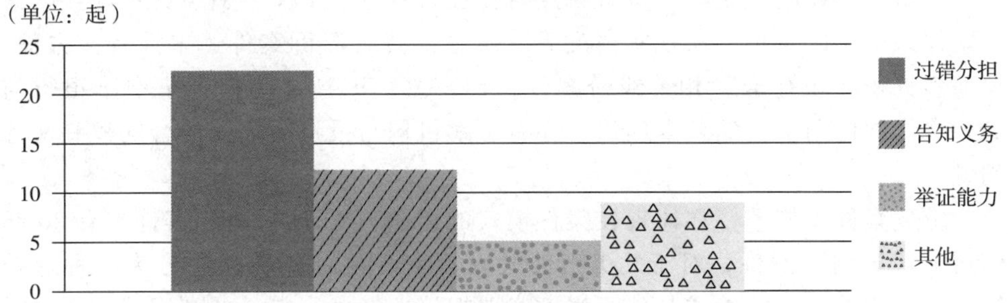

图 2　从案件数量中分析金融消费者在司法程序中的地位

从数据整体来看，一方面金融消费者在司法程序中的地位依旧不甚明确，适用标准也远未统一，另外相关问题正在得到重视却依然远远不够：金融消费者涉及的诉讼虽逐年增多，但是整体的数量依旧十分稀少；从案件体量分部看，金融活跃地区的案件较多；对于金融消费者具体含义的理解各地均有自己的经验，但是整体并不统一；另一方面，案件整体种类较少、类型化现象严重。从样本所反映的情况看，理论对于“金融消费者”概念的界定模糊，司法实践正逐渐形成既有的一套裁判经验，但这种裁判经验颇受地域限制。

四、理论争议的司法回应

实证研究与解释学并非矛盾，而有取长补短之功效。② 司法并未直接回应金融消费者概念之问题，对于其保护的裁判逻辑也未有统一，在讨论焦点与高频案件之间存在明显的脱节现象。理论未给予实务足够的支持，且学界未有争论结果的问题给实务带来了负面影响；其模糊地带正是体系解释延伸问题：消费者针对的具体对象。尤其是“投资行为”是否应当纳入保护范畴存在很大

① 〔2016〕鲁 1002 民初 3329 号。

② 参见苏力：《也许正在发生——转型中国的法学》，法律出版社 2004 年版，第 93－94 页。不同研究进路之间的知识竞争，有利于通过相互“揭短”而使各自摸到“一部分肢体”，并意识到自己摸到的只可能是“一部分肢体”。这有利于通过相互砥砺以明确各自的研究前设、方法论准则及其运用限度，进而也有利于相互间的沟通协作。

争议。

（一）理论关与实践注点偏离

体系解释在阐述金融消费者特点时往往将其置于P2P、小额贷款等互联网金融体系中予以讨论，从现实情况看，金融消费者涉诉案件远未涉及该方面，反而多见于“银行卡”相关纠纷案件，具言之，审判文书内容集中于银行与储户之间的信用卡、储蓄卡纠纷，亦有金融机构与投资者之间的合同权利义务问题。

上述案件类型单一亦体现在案件模式的类似，统计的57起案件中有26起信用卡“盗刷”案件，对于此类案件又因持卡者是否存在过失分为两种保护模式：若为盗窃、抢劫或其他不当方式取得消费者银行卡，并利用该卡盗取财务的，法院判定对于持卡人密码的保护存在疏忽情况由银行举证；若为伪造持卡人银行卡盗取财物的，法院则认定由银行先行承担责任，后由银行向违法人追责。

涉及P2P平台等互联网金融平台类案件尚未出现援引“金融消费者”定义，并非该定义无适用余地，更多体现着法院对未有明确指引概念的谨慎态度。这在大多案件金融消费者概念的援引被用于举证责任的分担与判断是否存在过错方面可见一斑，两者均为法官自由心证判断范围。互联网与新金融样态下的金融运行的确可能使消费者更多地暴露在不利环境之下，其具体行为规范指引等实有讨论必要；但对于传统金融常见不当行为，亦需要进一步明确法律之适用。

（二）地区性判例习惯形成

对于单一案件类型，笔者在发现对于金融消费者内涵与救济措施的具体认定存在着一定分歧，但这种分歧体现出地域效力——不同地域对于案件审理、消费者权利的认定往往不同，而相近法院在具体裁判方面达成一定共识。

在消费者与金融消费者差异方面，各地法院也达成共识，“在金融领域消费者处于更为弱式的地位，在消息搜集、获取、了解方面更为薄弱”；虽然基于一定共识，但对于弱势地位消费者的保护停留在“理念”指引层面，法院除《消费者权益保护法》外难以援引更为贴切的条文，判决书的说理仍须依托其他法条。①

---

① 譬如涉及信用卡案件，判决书多适用《商业银行法》第6条规定：“商业银行应当保障存款人的合法权益不受任何单位和个人的侵犯。”

对于具体案件的判断，地域相近的法院基本统一意见。譬如，信用卡纠纷案件，法院对金融消费者的保护大致有过错减轻、告知义务与举证能力弱三方面，相同法院对于金融消费者之内涵及救济判断大致相同。譬如，浙江温州中院在〔2015〕浙温商终字第2320号与〔2015〕浙温商终字第2331号案件中认定银行比信用卡被盗刷的金融消费者“举证能力更强、距离证据更近”，而判决支持部分诉讼请求。同样的，呼和浩特市中级人民法院在〔2016〕内01民终120号等8起案情类似案件中，均认定一般金融消费者不具备辨认金融机构是否具有一定资质的能力，并确认金融消费者与涉诉金融机构的委托理财关系。整体上看，上海各区、浙江各地法院亦基本保持同案同判，对于金融消费者的认定标准也比较统一。

（三）理论的“弱实践性”

前文提及体系解释延伸产生的两个问题：对“投资者”身份判定困难与金融消费者之主体是否当为自然人。前者在个案中频繁体现；后者并无相关争端，即当前案件未有单位援引金融消费者保护维护自身利益。

各地法院对于投资行为是否属金融消费者保护涵摄之范围意见不同，有判决书承认“包括业余证券投资者在内的参与金融活动的个人的消费者身份”①，也即法院认为符合金融消费者的投资者需具有两层特征：个人与非专业。亦有法院认为，“股票交易属于投资行为，其是以营利为目的的证券投资活动，并非消费，不适用《消费者权益保护法》”②。

但是从救济的行为看，涉诉案件的投资行为绝大多数包括银行存款、保险、股票以及其他理财产品，投资行为的具体界定对个案的法律适用十分关键。金融机构与投资者之间的纠纷占到了所有案件23%，此类案件中一般法院判令金融机构对其金融产品负解释、明示告知风险等其他义务。从判决看，对于银行存款、保险等，各地法院均视其为金融消费者正常之行为；但是对于股票投资，各地法院均视其在金融消费者常规行为之外，法院争议大多聚集在个人理财产品是否构成“金融消费者”保护之范围。

在57起案件中共有24起涉及理财产品，笔者发现对于理财产品处理问题中法院存在“骑墙”做派：对于投资者以金融消费者知情权或其他基本权利

---

① 参见〔2016〕粤03民终4548号。

② 参见〔2016〕辽02民终344号。

起诉之案件，除个别案例外，[①] 均以因保护金融消费者正当权利为由支持，“将消费者保护理论及立法扩展到金融领域，以保护金融消费者合法权益，培育理性的金融消费意识，规范金融市场服务行为，推动形成公平公正的市场环境和市场秩序，有效维护金融创新、发展和安全，是中外金融法和消费者权益保护法领域的普遍理论共识和立法趋势”[②]；但对于投资者以金融消费者身份起诉，以获得惩罚性赔偿案件，法院无一例外驳回，“上诉人与被上诉人之间不是经营者与消费者之间的关系，不适用惩罚性赔偿”[③]。

五、解释学反思与可能路径

整体上看金融消费者在理论上讨论对司法实务产生了一定的积极作用，具体体现在案件发生数量变化趋势之上；但是囿于高位阶规范的缺失，整体诉讼案件数量偏少，各地裁判结果、适用法律差异较大。对于学界讨论的自然人主体、投资者保护等问题，实务界体现出明显的滞后性。立法、理论对于司法的作用不但体现于法条、学理指引上，对于司法实务中法院具体问题适用法律明确性的要求亦需要有足够的关怀。虽当下司法裁判环境并不理想，但司法仅仅只是法律适用的一个环节，还有诸如行政执法、守法等环节，金融消费者定义对整体立法构架的作用当纳入一个更宏大的背景进行讨论。如有学者指出的那样，“金融消费者保护既不能简单理解为普通消费者保护在金融领域的延伸，也不能狭隘理解为金融监管目标的扩张”。[④]

不论金融消费者采何种制度，其初衷与归宿均是保护特定交易中的交易方。目前立法主张对“特定行为人”进行优先识别，而后针对分类主体提供不同的保护与救济措施；囿于前述情况，短期内对于金融消费者概念达成一致，并将其成文化难度较大。金融并非一个封闭的系统，对于金融的规制也应随着该创新而改变，基于“消费者”的解释学难以适应外部环境迅速的变化，且金融创新可能在短时间内会对社会带来毁灭性打击。

金融市场存在的信息不对称并非局限于个人与金融机构间，在非自然人主

---

① 案件仅一例，〔2016〕沪01民终3348号。“上诉人潘正霖作为一名有完全民事行为能力的成年人，其自愿向被上诉人工行金山支行申购讼争基金产品，且对于该基金产品的风险等级高于其自身承受风险投资等级应当是明知的，原审法院认定上诉人的该购买行为所产生的法律后果应由其自行承担，符合法律的规定。”

② 〔2016〕粤03民终4548号。

③ 〔2016〕沪民终146号。

④ 林越坚：《金融消费者：制度本源与法律取向》，载《政法论坛》2015年第1期。

体与金融机构间亦可能存在，且非自然人主体无可避免主动或被动地参与某些金融活动，因此，仅针对主体分类进行保护并不周延。金融消费者识别并非弱势群体保护的唯一途径，从美英立法看，通过不同的风险评级识别金融消费者并提供不同的金融服务，进而对相应投资者提供不同的保护亦是一种思路。此种立法模式的思路为“特定行为—主体—规制”，由行为确定保护主体并提供相应保护。通过产品分级，对购买风险标识产品或服务的主体提供同质保护，并对特定金融产品投资市场进行准入限制。高风险产品依然按“高风险、高收益、风险自负”的机制遵从“买者自负”原则，仅针对专业投资者放开；而其余金融产品的购买视为金融消费行为，对其进行适当保护。

概念的厘定依然十分重要，概念是解决法律问题所必需的和必不可少的工具，没有限定严格的专门概念，很难理性清楚地思考法律问题；① 上文简略提及之方法也仅是一种参考思路。金融风险防控、规制几乎不可能出现解决问题的圆满方案，这与解释学方法在理念上是相冲突的；不论选择何种立法路径，为保证法院作为金融领域相关救济的最后一道屏障的有效性与统一性，立法机构迅速、明确地出台条文明确法院在金融案件中对弱势方的保护是理论与实务界的共同目标。

（责编：刘汉坤　审校：方芳）

① ［美］博登海默：《法理学：法律哲学与法律方法》，邓正来译，中国政法大学出版社 2004 年版，第 504 页。

《南开法律评论》注释体例

一、总则

（一）提倡引用正式出版物，独著类书籍无须在作者名称后加“著”字；非独著类书籍，根据被引资料性质，应在作者姓名后加“主编”“编译”“编著”“编选”等字样。

（二）文中注释一律采用脚注。文章标题用“＊”标注，如需要说明课题项目；作者用“＊”或“＊＊”标注；正文采用每页重新注码，注码放标点之后；投稿时用数字加圆圈标注，样式为：①②③等。

（三）非直接引用原文时，注释前加“参见”；非引用原始资料时，应注明“转引自”，应尽可能避免使用“转引”。

（四）引文涉及同一资料相邻数页，注释页码部分可标注为：第×－×页。

（五）引用自己的作品时，请直接标明作者姓名，不要使用“拙文”等自谦词。

二、分则

（一）著作类

1. 注释信息编排方式为：作者姓名：《著作名称》，出版社名称××××年版，第×页或第×－×页。

2. 著作若有副标题，以破折号与标题隔开。

3. 著作的版次紧随著作名称，以“（第×版）”“（修订版）”或“（增订）”的方式表示。

4. 合著应标明全部作者姓名。三人以上合著的，第一次出现时，应写明全部作者姓名；第二次出现时，可以在第一作者之后加“等”字省去其他作者姓名。作者姓名之间以顿号（、）隔开。

5. 多卷本著作应在著作名称后，以“（第×卷）”“（第×册）”或“（第×辑）”注明卷、册或辑数。

示例：① 王泽鉴：《民法学说与判例研究》（第1册），北京大学出版社2009年版，第4页。

（二）论文类

1. 注释信息编排方式为：作者姓名或名称：《文章名称》，载《期刊名称》××××年第×期。

2. 须在期刊杂志名称之前加“载”字，辑刊或文集论文须在主编者名称之前加“载”字。

3. 以“××××年第×期”标注期刊杂志的出版时间，不使用“第×卷第×期”的标注方式。

示例：① 苏永钦：《私法自治中的国家强制》，载《中外法学》2001年第1期。

（三）文集类

1. 注释信息编排方式为：作者姓名：《文章名称》，载×××主编/等：《著作名称》，出版社名称××××年版，第×页。

2. 译著类文集注释信息编排方式为：作者姓名：《文章名称》，译者姓名译，载×××主编/等：《著作名称》，译者姓名译，出版社名称××××年版，第×页。

示例：①［美］J. 萨利斯：《想象的真理》，载［英］安东尼·弗卢等：《西方哲学演讲录》，李超杰译，商务印书馆2000年版，第112页。

（四）译作类

1. 书籍类注释信息编排方式为：［国别名］作者姓名：《著作名称》，译者姓名译，出版社名称××××年版，第×页。

2. 论文类注释信息编排方式为：［国别名］作者姓名：《论文名称》，译者姓名译，载《期刊名称》××××年第×期。

示例：①［法］卢梭：《社会契约论》，何兆武译，商务印书馆1980年版，第55页。

（五）法典类

注释信息编排方式为：《法典名称》，译者姓名，出版社名称××××年版，第×页或第×－×页。

示例：①《德国民法典》（第3版），陈卫佐译注，法律出版社2010年版，第76页。

（六）报纸类

1. 注释信息编排方式为：作者姓名：《文章名称》，载《××日报或报》××××年×月×日×版或第×版，如果查不到具体版数，可以不录。

2. 采访类文章应注明记者姓名。

示例：① 刘均庸：《论反腐倡廉的二元机制》，载《法制日报》2004年1月3日第5版。

（七）古籍类

1. 应注明责任人、书名、卷次或责任人、篇名、部类名、卷次、版本等。

2. 常用古籍可以不注明编撰者和版本。

示例：①《史记·秦始皇本纪》。

（八）辞书类

参照书籍类著作的注释体例。

示例：①《新英汉法律词典》，法律出版社1998年版，第24页。

（九）外文类

依从该文种注释习惯。

（十）网络文献类

网络文献需附网址及访问日期。

《南开法律评论》编辑部

《南开法律评论》稿约

1920年，张伯苓先生提出南开大学要“以中国历史、中国社会为学术背景，以解决中国问题为教育目标”。坚守“知天下服务天下”优良传统的南开法学院学子，于2004年起自主创办学术刊物《南开法律评论》，旨在为广大法律人建立一个高层次的学术交流平台。迄今为止，本刊已编辑出版十余期，中国知网（CNKI）全文收录。

《南开法律评论》立足中国法治发展，关注国内外学科研究动态，坚持严格的三审匿名审稿制，以学术水平、学术规范和实务价值作为稿件录用的唯一标准。经过十余年的发展，《南开法律评论》已然成为法学院学子追踪法治前沿、彰显南开之声的重要阵地，刊物发展日新月异。

本刊下辟“主题研讨”“各科专论”“评论”“判解研究”“调查”“书评”等栏目，诚向法学研究人员、法律实务界人士及广大青年学子征稿。专栏文章字数一般控制在2万以内，来稿篇幅以8000－15000字为宜。本稿约常年有效。

通讯地址：天津市津南区海河教育园区同砚路38号

南开大学法学院《南开法律评论》编辑部

邮政编码：300350

投稿信箱：nklawreview@163. com

《南开法律评论》编辑部

2017年11月